多模态视域下的具身教学设计

［新加坡］林飞（Fei Victor Lim） 著

刘 丹 译

东南大学出版社
·南京·

图书在版编目(CIP)数据

多模态视域下的具身教学设计／(新加坡)林飞著；刘丹译. — 南京：东南大学出版社，2024.5
书名原文：Designing Learning with Embodied Teaching Perspectives from Multimodality
ISBN 978-7-5766-0895-3

Ⅰ.①多… Ⅱ.①林… ②刘… Ⅲ.①课堂教学-教学设计 Ⅳ.①G424.21

中国国家版本馆 CIP 数据核字(2023)第 191760 号
图字：10-2023-486 号

Designing Learning with Embodied Teaching Perspectives from Multimodality, 1st edition / by Fei Victor Lim / ISBN: 9780367373368

Copyright © 2021 Fei Victor Lim

Authorized translation from English language edition published by Routledge, part of Taylor & Francis Group LLC; All Rights Reserved.

Southeast University Press is authorized to publish and distribute exclusively the Chinese (Simplified Characters) language edition. This edition is authorized for sale throughout Mainland of China. No part of the publication may be reproduced or distributed by any means, or stored in a database or retrieval system, without the prior written permission of the publisher.

Copies of this book sold without a Taylor & Francis sticker on the cover are unauthorized and illegal.

英文原版由 Routledge 出版 2021。

本书原版由 Taylor & Francis 出版集团旗下，Routledge 出版公司出版，并经其授权翻译出版。版权所有，侵权必究。

本书中文简体翻译版授权由东南大学出版社独家出版并仅限在中国大陆地区销售，未经出版者书面许可，不得以任何方式复制或发行本书的任何部分。

本书贴有 Taylor & Francis 公司防伪标签，无标签者不得销售。

多模态视域下的具身教学设计

著　　者：	[新加坡]林飞(Fei Victor Lim)
译　　者：	刘丹
责任编辑：张烨　　责任校对：子雪莲　　封面设计：毕真　　责任印制：周荣虎
出版发行：	东南大学出版社
出 版 人：	白云飞
社　　址：	南京四牌楼 2 号　　邮编：210096　　电话：025-83793330
网　　址：	http://www.seupress.com　　电子邮件：press@seupress.com
经　　销：	全国各地新华书店
印　　刷：	苏州市古得堡数码印刷有限公司
开　　本：	700mm×1000mm　1/16　　印张：10.25　　字数：201 千
版　　次：	2024 年 5 月第 1 版
印　　次：	2024 年 5 月第 1 次印刷
书　　号：	ISBN 978-7-5766-0895-3
定　　价：	48.00 元

本社图书若有印装质量问题，请直接与营销部调换。电话(传真)：025-83791830

译者序

在这个快速变化的时代,教育学的理论和实践正面临前所未有的挑战与机遇。《多模态视域下的具身教学设计》这本书由南洋理工大学助理教授 Lim Victor Fei 博士撰写,他曾是一线教师,是新加坡教育部的管理人员和课程专家,现在是教育研究者,他的多重身份帮助我们从不同的视角来审视和理解教育的不同侧面。这本书旨在揭示教育学的核心问题和未来的发展趋势,并提出了一系列富有洞见的理论和实践方案。

在翻译这本书的过程中,我深感其内容的丰富性和前瞻性。本书探讨了教师如何通过多模态资源,包括具身资源和数字资源来设计教学。Lim Victor Fei 博士从教育符号学出发,展示了教学话语中多模态符号的本质,帮助教育研究者和一线教师反思课堂中具身符号和符号技术使用的可能性和准确性,以此来提升为学生设计学习体验的能力。这些深刻的见解和建议,对于我们理解和应对教育领域的复杂问题具有重要的参考价值。

我努力保持原文的学术严谨性和可读性,也尽力使译文流畅、易于理解。同时,我还特别注意到原著中对于教育学理论与实践相结合的重视,书中有效结合真实的教学场景和国际比较研究。因此,通过本书的翻译,我希望能够促进国内外教育学者的交流与合作,共同推动教育的创新与发展。

  我要感谢所有在翻译过程中给予我支持和帮助的人。感谢出版社同仁,特别是张烨编辑的专业指导与审核,也要感谢我的同事和学生们,他们提供给我宝贵的建议和持久的学术动力,让我不断思考如何更好地将复杂的教育学概念传达给更广泛的读者。

  最后,我期待《多模态视域下的具身教学设计》能够激发读者对教育学当下以及未来的热情与思考,为中国的教育工作者和研究者带来启发,促进教育实践的创新和发展。希望通过我们的共同努力,教育将能够更好地服务社会,培养出更多具有创新精神和实践能力的人才。

刘丹
2024 年 4 月

前言

我们生活在一个变化中的世界——这变化时刻发生着。然而,如今的变化似乎变得广而深,就如同工业革命期间所发生的一般。在数字化和全球化方面,我们总是尝试抓住这些新的改变,Zygmunt Bauman(2012)曾将我们的时代描绘为"液态现代性"。与此同时,这些术语和描述有时似乎指出了一些高于我们,或是离我们很远的东西。我们中的许多人似乎都对这些新变化感到不适。下面几个问题时常被人提出:这些变化对我、我的家庭或工作的实际意义是什么?我的知识是否仍有意义?你也会听到这样的观点:"数字化正在影响我的工作。"关于如何应对这些新的挑战,我们已观察到以下两种类型的反应:一种沉溺于二十世纪五六十年代的"美好时代",而另一种则专注于发展所带来的新技能。

今天的教育,就如同企业、组织和其他机构一样,在知识储存以及新的交际模式上发生了改变。在 AI 和大数据的帮助下,也出现了新的方法来分析这些活动带来的影响。在学校,我们能看到使用工具的增加,像是 PPT、学习平台、学习应用程序等。学习分析法能够帮助决策者以及教育领袖们监控学校的运行,也能够帮助教师留意单个学生的状况,还能够帮助学生们掌握自身的学习情况。然而,新的伦理上的担忧来了:哪部分数据是我们应该收集的,哪部分数据又是我们可以共享的?

另一个问题是,教师的职业需求并不和教育技术公司所需相同。作为塑造未来的一部分——知识与体验的基础组成部分,教师需要提升他们在数字方面的素养。这些数字素养包括如计算思维(作为一种分析问题的方式)、编程、对应用程序的洞见、AI 以及学习分析等。

这本书写得很好,它对学校中出现的全新信息蓝图作了系统的介绍。它叙述了看待教与学的方法,也就是我们视为学习与知识的东西,以及我们如何理解多模态交际和知识的呈现。(今天的)学习已经不仅仅是记忆力的问题,同时还应该包括理解和应用不同多模态知识的呈现。这种学习观与对文本更广泛的理解有关,也涉及不同的文本元素是如何被精心策划以及被呈现出来的。

对学习更广泛的理解还延伸出对具身学习和在场学习的看法,这为我们设计学习环境和学习资源提供了新的思考。在今天,我们看到了教育不只专注于"事实"或"知识",还有支持创造力、协同工作、责任和自我管理的可能性,它给予了学生们用以思考与分析自然和社会中不同现象的工具。我们应该基于人文主义的传统,为学生们提供能够理解如环境污染、可持续生存等复杂问题的知识与能力(Morin,2008;UNESCO,2019)。

这本书展示了在一个变革的时代我们在学校中应当如何去理解教学,并如何采取行动。它提供了一种关于多模态交际与学习、具身教学、符号学技术以及教学话语、空间、手势的深入理解。它着眼于多模态教室,以及教室中的一切是如何被组织的。它也给出了两位教师设计的不同教学体验的范例,讨论了教师们在现代化教室中是如何设计学习的。

Staffan Selendar
资深教授
斯德哥尔摩大学

参考文献

Bauman, Z. (2012). *Liquid Modernity*. Cambridge/Malden, MA: Polity.
Morin, E. (2008). *On Complexity*. Cresskill, New Jersey: Hampton Press.
UNESCO. (2019). *Futures of Education. Learning to Become. A Global Initiative to Reimagine How Knowledge and Learning Can Shape the Future of the Humanity and the Planet*. [ED/2019.ERF/1]

目录

第一章　具身教学 ……………………………………………… 1
　一、引入 ………………………………………………………… 1
　二、教育符号学 ………………………………………………… 2
　三、教师与教学 ………………………………………………… 3
　四、教学话语 …………………………………………………… 5
　五、教与学的社会符号学视角 ………………………………… 7
　六、系统功能多模态话语分析（SFMDA） …………………… 9
　七、从具身教学到学习设计 …………………………………… 12
　参考文献 ………………………………………………………… 15

第二章　多模态教学话语 ……………………………………… 22
　一、课堂上的话语 ……………………………………………… 22
　二、课程类型理论 ……………………………………………… 24
　三、课堂微体裁 ………………………………………………… 25
　四、课程分析 …………………………………………………… 27
　　（一）课程开始 ……………………………………………… 27
　　（二）课程进展 ……………………………………………… 29
　　（三）课程转变 ……………………………………………… 32
　　（四）课程结束 ……………………………………………… 34
　五、课堂微体裁的视觉分析 …………………………………… 35
　六、利用课程微体裁设计学习内容 …………………………… 40
　思考题 …………………………………………………………… 41

参考文献 41

第三章　空间教学法 45
　一、空间符号学 45
　二、基于空间的教学 47
　三、教室里的空间 49
　　（一）权威空间 49
　　（二）监督空间 50
　　（三）互动空间 51
　　（四）个人空间 51
　四、两位教师的空间教学法研究 52
　　（一）编码和可视化 52
　　（二）教师的位置分析 53
　　（三）教师的运动分析 56
　　（四）教师的空间教学法讨论 57
　五、空间教学法的应用 58
　六、空间探索 60
　思考题 61
　参考文献 61

第四章　教学手势 66
　一、表演教学 66
　二、手势研究 67
　三、课堂上的手势 69
　四、手势的系统功能研究 70
　　（一）手势的类型 70
　　（二）手势的历时观 71
　　（三）手势元功能的意义 72
　　（四）手势的种类 73
　五、手势的功能 75

（一）表演性手势中的概念意义 ………………………………… 75
　　（二）交际性手势的概念意义（言语独立或言语相关）………… 76
　　（三）交际性手势中的概念意义（言语依赖）…………………… 78
　　（四）手势中的人际意义 ………………………………………… 79
　　（五）手势的语篇意义 …………………………………………… 81
　六、对教学手势的描述 ……………………………………………… 83
　思考题 ………………………………………………………………… 84
　参考文献 ……………………………………………………………… 84

第五章　符号学技术 ………………………………………………… 90
　一、学习中的符号学技术 …………………………………………… 90
　二、通行的数字符号技术 …………………………………………… 92
　　（一）PowerPoint 的价值 ………………………………………… 93
　　（二）PowerPoint 的成本 ………………………………………… 94
　　（三）用 PowerPoint 创造意义 …………………………………… 94
　三、新一代数字符号技术 …………………………………………… 95
　　（一）WiRead 的价值 …………………………………………… 96
　　（二）WiRead 的成本 …………………………………………… 99
　　（三）用 WiRead 创造意义 ……………………………………… 100
　　（四）教室中的个人电脑设备 …………………………………… 100
　　（五）课堂中的人工智能 ………………………………………… 101
　　（六）用于课堂的教育应用程序 ………………………………… 101
　四、传统的符号学技术 ……………………………………………… 103
　　（一）用白板呈现知识 …………………………………………… 104
　　（二）通过白板制定教学关系 …………………………………… 106
　　（三）用白板组织学习过程 ……………………………………… 106
　五、使用符号学技术设计学习 ……………………………………… 107
　思考题 ………………………………………………………………… 107
　参考文献 ……………………………………………………………… 107

第六章　多模态课堂中的协同 …………………………… 113
一、统筹教与学 …………………………………………… 113
二、符号间性 ……………………………………………… 115
　（一）教室中的符号间性 ……………………………… 115
　（二）语境关系 ………………………………………… 117
三、Lee 和 Mei 的教学法 ………………………………… 118
　（一）课程微体裁分析 ………………………………… 118
　（二）空间分析 ………………………………………… 120
　（三）语言分析 ………………………………………… 121
　（四）手势分析 ………………………………………… 122
　（五）符号学技术 ……………………………………… 124
　（六）符号衔接 ………………………………………… 125
四、结构化的非正式性 …………………………………… 127
思考题 ……………………………………………………… 128
参考文献 …………………………………………………… 128

第七章　设计学习 …………………………………………… 134
一、不断变化的学习者 …………………………………… 134
二、定义学习 ……………………………………………… 137
三、作为学习设计者的教师 ……………………………… 138
四、通过具身教学来设计学习 …………………………… 140
五、结论 …………………………………………………… 145
思考题 ……………………………………………………… 146
参考文献 …………………………………………………… 146

图

2.1	Lee 与 Mei 课程中课程微体裁的比较 ……………………………	36
2.2a	Lee 的课程中占比最多的五类课程微体裁 …………………………	36
2.2b	Mei 的课程中占比最多的五类课程微体裁 …………………………	37
2.3a	Lee 的课程微体裁 …………………………………………………………	38
2.3b	Mei 的课程微体裁 …………………………………………………………	39
3.1	Hall(1966)的距离集理论 ………………………………………………	47
3.2	Lee 与 Mei 的课程中位置与移动的比较 ……………………………	53
3.3a	Lee 的位置与移动的可视图 ………………………………………………	54
3.3b	Mei 的位置与移动的可视图 ………………………………………………	55
4.1	手势的分类 ……………………………………………………………………	71
4.2	手势的编码类别 ………………………………………………………………	75
4.3	表演性手势中的状态意义 …………………………………………………	76
4.4	交际性手势中的概念意义（言语独立或言语对应） …………………	78
4.5	交际性手势中的概念意义（言语依赖） …………………………………	78
4.6	手势中的人际意义 …………………………………………………………	81
4.7	手势的语篇意义 ……………………………………………………………	82
5.1	WiRead 界面 …………………………………………………………………	96
5.2	学生动作的数据可视化图 …………………………………………………	97
5.3	社交网络分析 …………………………………………………………………	98
5.4	教育程序评估 …………………………………………………………………	103

表

2.1 通识课程课堂的课程微体裁 ⋯⋯⋯⋯⋯⋯⋯⋯⋯⋯⋯⋯⋯⋯ 26
6.1 课程微体裁比较 ⋯⋯⋯⋯⋯⋯⋯⋯⋯⋯⋯⋯⋯⋯⋯⋯⋯⋯ 119
6.2 空间使用比较 ⋯⋯⋯⋯⋯⋯⋯⋯⋯⋯⋯⋯⋯⋯⋯⋯⋯⋯⋯ 120
6.3 语言使用比较 ⋯⋯⋯⋯⋯⋯⋯⋯⋯⋯⋯⋯⋯⋯⋯⋯⋯⋯⋯ 121
6.4 手势比较 ⋯⋯⋯⋯⋯⋯⋯⋯⋯⋯⋯⋯⋯⋯⋯⋯⋯⋯⋯⋯⋯ 123
6.5 符号学技术比较 ⋯⋯⋯⋯⋯⋯⋯⋯⋯⋯⋯⋯⋯⋯⋯⋯⋯⋯ 124

致谢

我十分感激 Kay O'Halloran 教授,是她在 2000 年首先向我打开了正处于范式改变阶段的多模态研究世界的大门。本书中所呈现的许多观点都源于她在作为我的硕士与博士导师期间对我的引导。我非常幸运地在过去的二十年里,拥有她这样一位良师益友。

我很荣幸能够邀请到 Staffan Selendar 资深教授为本书撰写前言。Staffan 是设计学习范式的先锋人物,他的工作为教育符号学的许多研究打下了理论基础。

感谢我在新加坡教育部教育技术司的几位前领导:Shirleen Chee 博士、Cheah Horn Mun 教授、Chan Lai Peng 小姐、Chua Chor Huat 先生和 Kwan Yew Meng 先生。他们的信任和支持为我插上了将研究应用于实践和政策的翅膀。在他们的领导下,我在教育部度过了七年时光,这对我关于教育、研究和服务的信念和理解的形成有着重大的影响。

Phillip A. Towndrow 博士与 Jonathon Adams 博士二位都是仁厚且具批判眼光的益友,他们为本书的草稿提供了敏锐而具深刻见解的反馈。我从他们身上学到了许多,同时对我们之间的友谊深表感激。我也同样想对 Toh Weimin 博士和 Tan Jia Min 小姐提供的珍贵的编辑支持表示感谢。我还要感谢 Routledge 的委托编辑 Katie Peace 女士,感谢她对这项工作价值的信任,以及 A/P Loh Chin Ee 所作的介绍。

此外,还要感谢我所爱的家人们为我提供的强有力的支持——我亲爱的妻子 Yvonne,以及了不起的孩子们——Alden、Avern 和 Arielle,与你们共同走过人生的旅程是如此快乐,谢谢你们共同相信着我的梦想。

本书是为了纪念已故的 Gunther Rolf Kress 教授,他的毕生工作继续激励着后代学者理解意义建构的社会观。Gunther 的知性、慈悲、温暖和善良触动了无数人,而我有幸成为其中的一员。

第一章
具身教学

一、引入

　　看着 Gan 老师在教室里的样子,人们不禁着迷于她似乎毫不费力且轻松自如的教学方式。这堂课正处于学年伊始,我们观察的这个班级是新组建的,对 Gan 老师来说也是新班。在一个小时的课程中,班上正值 14 岁的学生们像往常一样按部就班,有一些学生稍显焦躁不安。任何一位老师,如果教室里坐着不熟悉的访客,都可能会或多或少地感到慌乱。然而,Gan 老师并不担心。她以一种平静的、近乎禅宗的方式,通过流畅地使用停顿、手势和动作,点出了课堂上的纪律问题,比如学生的注意力分散、轻微干扰和分心等问题。通过这些非语言的表达方式,她无需使用任何否定词来谴责学生,就可以指出学生的违规行为。值得注意的是,学生们立刻理解了她的非语言暗示,并对她的"无声"交流做出了积极的反应。当她意味深长地停顿时,全班立刻安静下来,并保持全神贯注;当她向一个分心的学生做手势,示意他专注于黑板上的内容时,学生照做并点头回应;当她走向一群注意力不集中的学生时,学生们停止了他们正在做的事情,并给予了她关注。对我们来说,这是一个令人印象深刻的案例,原来学生可以通过具身的意义建构来调整学习经验。

　　教育社会学家 Basil Bernstein 将教学话语描述为两种话语——调节话语和指示话语。有关课堂控制和纪律的维持属于调节话语的范畴,而课程内容知识和技能的教学则是指示话语的一部分。因此，教师会通过调节话语和指示话语来共同阐释其教学法。以 Gan 老师为例，连同本书中所涉研究的其他老师都一致认为，调节话语可以通过非语言方式表达，比如手势、位置和静默。使用语言来表达教学内容，而使用"无声话语"来强调纪律问题，可以帮助学生创造更加积极的学习体验和学习环境——在课堂上无需说一句严厉的话，却可以悄悄维持好课堂纪律和课堂节奏。

虽然以上听起来对一些人来说是新的知识，但事实上许多教师在课程中处理纪律问题时已然意识到这一点，他们凭借多年的经验形成了此类直觉。许多人，比如 Gan 老师，当谈论起这种课堂协调能力时会感到有些惊讶，并且可能自嘲地认为这并非什么高明的技巧。然而，一名"优秀"教师的显著特征就是她/他的教学法，而教学法往往不仅仅停留在语言本身。

教学和学习是一场多感官的体验活动。具身教学就是将这种对多模态交际的理解运用到教学情境中。教师在课堂中的一举一动都直接关涉到学生的学习体验，而这一点正是需要每一名教师敏感意识到的。学生常常可以通过教师的具身符号来判断自己是否能够自由参与课堂抑或是否被禁止发表意见。

本书结合案例研究，讨论教师如何利用身体资源和（数字）工具为学生设计学习体验，中心议题是教师培养的符号意识可以帮助其选择使用不同的资源来建构意义，从而展示其独特的教学法，并且恰当且流畅地使用这些多模态资源来设计有意义的学习体验。

二、教育符号学

是什么造就了一名"好"老师？是他们触发灵感的能力、他们激发兴趣的创造力，还是他们传授知识的本领？果真如此的话，这些无形的东西是如何被老师具身体现并在课堂上展示的？

这本书将要讨论课堂上的"无声话语"。我们不仅用语言交流，还通过我们的动作、眼神，以及身体，也就是使用具身的方式来表达。教师在这些意义构建或符号资源中协调各种选择，为学生设计学习体验。学生们常常能够心领神会，他们可以凭直觉感知该如何回应老师——比如何时可以自由提出观点，何时可以质疑老师的论点，以及何时在沉默中一言不发。有时候除了通过老师的语言，双臂交叉、后退一步或摇头的手势动作等意义建构方式都可以结束谈话。

当然,这并不是说语言不重要。教育心理学家 Lev Vygotsky 观察到,语言是人类建构意义的主要手段。然而,我们都知道语言并不是人类表达意义的唯一方式。正如 Jewitt、Bezemer 和 O'Halloran (2016:3)在《多模态入门》(Introducing Multimodality)一书中所述,多模态的提出标志着我们已经脱离了"语言"和"非语言"交流的传统对立模式,因为这种模式实际上暗含口头语言是主要的,而其他意义建构方式则可以合并,并采用"非语言"这同一个术语进行概括表达。虽然意义建构方式中语言研究一直最为深入,但人们越来越多地开始对多模态交流的研究产生兴趣,并产出相应的研究成果。

教育符号学是在教学语境下研究符号和意义建构的学科,它的研究内容包括教科书以及学习资源中的知识再现,学生多模态知识素养的发展,即批判地观察多模态文本,在多模态整合过程中有效地再现技巧,以及协调各种具身资源和多媒体资源,从而在课堂中设计积极的学习体验。换言之,教育符号学聚焦理解学生如何通过多模态资源的意义建构来进行学习,以及教师如何通过多模态资源,包括具身资源和数字资源来设计教学。后者即为本书的重点。

本书概述了教师在课堂中使用语言、手势、位置和动作的价值,将其统一描述为具身符号模式。本书的主题涵盖以下两个方面:教师如何通过身体资源选择来表达不同的意义,如何掌握各种技术工具的可能性和局限性,也就是本书中所讲的符号学技术,从而设计学生的学习体验。本书还认为,今天教师的角色已经演变为学习的设计者,因此我们有必要更加深刻地理解不同的符号资源——包括具身符号模式和符号学技术——是如何在教师多模态课堂协同中被合理运用,从而有助于设计学生的学习体验的。

三、教师与教学

在今天的数字时代,信息主要依靠不同互联网设备的连接传播,教师(在信息传播中)是否仍然重要?随着技术在我们的日常生活中变得越来越普及,人们不禁要问:技术究竟可以取代怎样的工作?今天的教师不能仅仅是知识的权威和传播者,而必须在自身角色和理解上成长,成为学习的设计者(Selander, 2008;Laurillard, 2012;Lim & Hung, 2016)。作为一名学习设计者,教师提升了其"符号学意识"(Towndrow, Nelson, & Yusuf, 2013),并通过具身教学的方式,展现出其在多模态课堂中协调符号资源的流畅度(Jewitt, Bezemer, & O'Halloran, 2016; Lim, 2021)。作为学习的设计者,教师要充分挖掘(数字)教学资源,为课堂注入新的可能性。从具身教学的角度来看,教师远没有"去专业化"或变得多余,事实上他们作为各种重要学习体验和学习环境的设计者,变得愈发重要。

"好"教师的重要性如何强调也不为过。早期的研究如McKinsey和Company(2007)在"世界上表现最好的学校体系如何脱颖而出"这一研究中得出结论:学生主要的学习和表现的驱动因素在于教师的素养,教育系统再优质也无法超越其师资队伍能够提供的能量。Muller(2007:26)将教师描述为"一个权威的教学法主体",他坚信良好的教师一定要具备高超的能力和坚实的知识储备,认为"教师之所以能够指导学生走进学科强大语法的内部,是因为他自己已经站在巨人的肩膀上,也就是说教师自己口中的语法首先是合乎规范的"。Muller(2007:26)还述说道,在他关于成功学习的全球文献调查中发现,"教师能力是迄今为止影响学习者成就的最关键因素"。

这一观点与Macken-Horarik、Love和Unsworth(2011)对于英语课堂的研究不谋而合。他们认为"教师是中心……(因为)教师是需要修改语法或实际建立语法的人,而该语法要针对当代学校英语的课文,旨在渐进式地、累积式地建构语言知识"(Macken-Horarik等,2011:10)。

O'Halloran(2007)也在她的一份记录文件中强调教师的重要性,这份文件主要论述不同社会经济地位下数学课堂中教与学的差异所在。她观察到,"不同类型学校之间的差距越来越大,教师的经验、资格和工资也会随之参差不齐"(O'Halloran,2007:235)。因此,O'Halloran(2007:235)认为"为制定有效的教学策略,有必要形成相关的理论和实践方法,特别是针对与弱势学生打交道的教师"。O'Halloran(2007)强调教师培训的重要性,认为教师是学生能够获得成功的关键因素。

同样地,Allington和McGill-Franzen(2000:149)也提到,"我们需要集中精力提高教师的专业知识……令人高兴的是,一些决策者似乎越来越认识到,是教师而不是教材在教书"。毫无疑问,教师在实施国家课程目标、考试大纲和课堂教育政策的过程中起着核心作用。

四、教学话语

教育学教授 Jay Lemke（2002：75）认为，教室学习是"生态社会调节发展一般过程的一个案例"。教师向学生传达的意义体现出知识的一种特许形式，此类知识经由教学政策和教学大纲制度化打包到课程当中，并作为课堂体验在多模态教学话语中进行表达。

学生通过极其复杂的符号资源，包括具身符号模式和符号学技术，开始进入学科的各个专业领域。符号学技术是教师用来在课堂上呈现知识的工具和资源，包括白板、PPT 幻灯片、学生的计算设备、学习管理系统和具有分析能力的数字平台。教科书和工作表等教学材料、通过计算机和视频进行学习的媒体以及以教学方法和学习框架形式出现的教学实践，都是教师在为学生设计课堂体验时进行的符号选择与协调。由于其独特的功能启示，教学符号通过模态的使用（如视觉模态、听觉模态和身体模态）和符号模式（如语言、图像、手势、数学和科学符号）来表达。考虑到模态和符号模式独特的功能用途，它们被专门用于为学生构建课堂体验的特定交际内容。因此，教师在课堂上进行的教学工作需要在多模态整体中综合运用具身教学模式以及符号学技术。

如前所述，社会学家 Basil Bernstein 发展了"教学话语"的概念，将其作为解释"文化生产、再生产和转化"的一系列错综复杂建议的一部分（Bernstein，1990：180）。教学话语不仅仅是描述课堂交流的笼统术语。相反，在该研究中，它是遵循 Bernstein 的理念，以其特定意义出现的。Bernstein（1990：183）论述道：

> 我们将教学话语定义为将能力话语（各种技能）嵌入到社会秩序话语中，从而使后者始终支配前者的规则。我们将传递专业能力及其相互关系的话语称为指令性话语，该话语创建专业秩序、关系和身份调节话语。

鉴于教学话语具有指令和调节两方面的性质，Bernstein（2000：184）指出，教学话语被认为是一种"没有特定话语的话语"，因为它没有自己的话语。然而，教学话语又被认为是"一种联结其他话语的准则，使不同话语之间形成一种特殊关系，目的是有选择地对其进行传播和习得"。

对教学过程中教学话语本质的理解，最初由 Bernstein 提出，并由其他人不断调整，如 Christie（1995，2002，2007）、Christie 和 Macken-Horarik（2007，2011）、O'Halloran（2004，2011）和 Wignell（2007），将其扩展到本书中所描述的"多模态教学话语"。尽管我们深知所有话语都是多模态的，在教学话语前添加修饰语"多模态"，严格来说是不必要的，但本书还是使用了多模态教学话语这一术语，目的是凸显研究中所涉及教学话语的多模态本质。

语言与文字学教授 Frances Christie 将 Basil Bernstein 的理念进一步运用于教学话语的分析阐述过程，发展形成了体裁理论。尽管主要还是关注语言，Christie（1993，1997，2002）在教学话语分析方面的工作却为本书中描述的多模态教学话语的语境化和分类提供了批判性的基础。Christie（1993，1997，2002）认为课堂序列构成了"课程微体裁"和"课程宏观体裁"。她还展示了教学话语是如何通过语言进行建构的。尽管 Christie（2002）更喜欢将其描述为投射指令语域的调节语域，她还是遵循 Bernstein 对嵌入指令语篇中调节语篇的认识，运用系统功能理论重铸了相同的概念。因此，Christie（2002：25）认为：

> 具备教学功能的课程体裁中包含的教学话语主要在一级或调节语域中实现，与所采取的总体教育学方向、目标、节奏和顺序有关，而二级或指令语域则与讨论中的"内容"及其专业技能有关。一级或调节语域投射二级或指令语域。

调节语域是教学话语的一个重要方面，需要更加深入的研究和分析。Christie（2002：162）解释说：

> 调节语域有助于形成课堂文本，并决定活动的方向、顺序、节奏和评估；后者探讨如何实现构成教学活动实质的内容或专家经验信息，探讨调节语域如何通过指令语域实际使用和说话。

Christie（2002：173）还认为，课堂话语的成功例子是：调节话语通过指令语域进行适当运用和发声，呼应 Bernstein 所言以"调节"的形式出现。

Christie（2002：162）也借鉴了 Foucault（1969，1972）的权力和知识考古学的概念，将学校教育描述成为"现代世界中最重要的符号控制机构"。教学话语具有重要的影响，并且通过微妙的方式发挥这种影响，因此它仍然是教育研究者和社会学家非常感兴趣的话题。

学生的文化适应以及进入各个专业领域的启蒙都是通过一个极其复杂的

具身符号模式整体以及符号学技术的使用来实现的。因此,教学话语成为建立和塑造意识的工具,而学校则是"符号控制"的机构。语言学教授 Ruqaiya Hasan(2001)还描述了课堂上发生的两种符号调解:其中可见符号调解是通过教师的指令实现的,而隐形符号调解则是通过指令执行的方式实现的,主要是由语言以外的其他符号模式来实现。后者通常不会明示,而是通过意念来传达,这种隐蔽性可能可以通过教学话语的多模态分析进行揭示。正如 Christie (2002:166)所观察到的,"权威在以此类抽象方式表达时是最有力的,因为所涉人的能动性是无形的,有利于更抽象原则的表达"。

因此,尽管 Bernstein(1990,2000)最初在教学话语中提出了指令话语和调节话语的概念,但鉴于当初的使用仅限于语言,因此将这一概念扩展到多模态教学话语可能会更加富有成效。这使得我们能够调查不同的符号资源如何通过多模态资源的可见和隐形符号调解在课堂上表达教学话语和调节话语。在重点分析多模态教学语篇时,我们分享了 Christie 的观点(2002:24):

> 最重要的是分析和解释学校教育的教学话语如何发挥作用,如何获得各种形式的知识,这些形式的知识如何以不同的方式分配给学生,以及它们如何塑造意识。

纽卡斯尔大学应用语言学教授 Steve Walsh 认为,"语言教师可以通过更深入地理解课堂话语,特别是通过关注语言、互动和学习之间的复杂关系来提高他们的课堂实践"(2011:1)。在这本书中,我同意 Walsh(2011)的观点,但扩大了课堂话语的定义,进一步囊括了其他具身符号模式,比如在课堂上手势的使用、空间位置、教师动作,以及符号学技术的使用。

五、教与学的社会符号学视角

在本书中,我们将从教育符号学和多模态交际的角度出发来理解具身教学。在每一项学术努力中,了解并明确使用的理论框架是有益的,这是为了让读者清楚作者可能不可避免地秉持其固有假设和可能的偏见,且可能与其结盟、对其质疑甚至明确拒绝。在本书中,我们的理论方向遵循 Gunther Kress 和 Theo van Leeuwen 的社会符号学,这一学说从根本上受到了 Michael Halliday 系统功能理论的影响。Halliday 是一位著名的语言学家,并以其在社会语言学方面的开创性工作而闻名,他通过发展系统功能语法来研究语言的使用和语境中的语言使用。然而，Halliday按理说首先是一位符号学家，他将语言视为社会符号，认为语言是人类用来在社会中表达意义的资源。他在1978年的开创性工作，即《作为社会符号学的语言》，至今在定义社会意义建构方面仍极具影响，同时也为当今社会符号学的工作打下了基础。

符号学模式是指不同的符号系统（Halliday，1978）或社会文化符号资源（Kress，2010），两者结合在人造物交际和过程交际中创造意义。每一种符号模式在传达意义时都有特定的功能解释或意义潜势。在具体的交际实例中，不同模式的不同意义潜势对模式的选择都有着根本性的影响（Kress，2010）。模式的产生和接受需要共同的符号学原则（Kress & van Leeuwen，2001）来从语义和形式上关联现有的所有符号库（Stöckl，2004）。第六章讨论的符号衔接是一个常见的符号学原则的例子，它指的是不同符号模式之间的符号间结构或衔接手段，如语言和图像（Liu & O'Halloran，2009）以及语言和手势（Lim，2019a）。

那么，本书中采用社会符号学的视角来观察多模态交际和教育符号学意味着什么呢？Bezemer和Kress（2016：4）认为，"从理论的到社会的"回应很重要，认识到意义表达的可供性，并描述"已经完成的符号学工作"。有鉴于此，多模态社会符号学的核心原则已被认定为具身教学理念发展的共同假设。

第一个原则是认识到在课堂教学中，教师不仅通过言语和写作，而且通过多模态整体与学生进行交流，比如凝视（Amundrud，2018）、手势（Lim，2019b）、空间位置和教师动作（Lim，O'Halloran & Podlasov，2012）等符号模式，其中后两种符号模式是本书讨论的重点。每一种符号模式都提供了特定的功能解释，也就是说，理解这些符号模式在使用中的具体功能解释，以及它们如何相互作用和影响来表达教师的教学法是极富价值的。

多模态社会符号学的第二个原则是它的定义和对于"教学法"的解释。正如Bezemer、Diamantopoulou、Jewitt、Kress和Mavers（2012：5）据此所主张的那样，教学法是"将社会关系从学校周围的社会世界转移到课堂中，作为隐喻来反映可以想象的社会关系类型以及学校可能更加偏爱的社会关系"。教育学是通过教师对符号学资源的多模态组合编排来表达意义的一种方法，既包括具身符号模式，也包括可供教师使用的符号学技术。教师在设计学习体验时的多模态选择决定了师生之间的社会关系。

第三个原则是识别学习的符号（Kress & Selander，2012）。兴趣引导意义的形成，它将注意力引导到工作的一部分，并作为选择原则的动机。当学习者从表面上为自己创造意义,以新的方式构想世界之时,他也同步将这些整合到其内在概念资源中。因此,学习是伴随学习者整个资源集的扩充和转换而发生的。在这一点上,每一个意义建构的行为,无论是外在显现的,还是内在观点的,都是全新的、极富创造性。从多模态社会符号学的角度来看,"这一系列持续不断的创造性参与、整合和内部转换过程,以及新的结果状态,构成了学习"(Bezemer, Diamantopoulou, Jewitt, Kress & Mavers, 2012:6)。

多模态社会符号学的第四个原则是将关注范围扩大到人造物之外,也即是说除了用于学习的教科书和数字媒体资源以外,还可以包括社会互动,特别是课堂上师生之间的教学关系,重点在于特定的符号模式和符号技术如何提供和影响师生之间教学关系的本质。在教学互动中,学习设计和学习符号相互交织,教师设计教学,学生则展示其学习符号。

六、系统功能多模态话语分析(SFMDA)

尽管 Michael Halliday 毕生致力于促进我们对语言的理解,但他的作品也同时激励着包括作者在内的许多人对其他符号学模式的研究。从系统功能理论的角度来看,在多模态探索领域的领先工作包括 Michael O'Toole 在艺术和建筑领域的工作,Kay O'Halloran 在数学、电影、宣传和数字人文学科方面的工作,以及 Len Unsworth 在图画书、教育文本和移动应用方面的工作。他们的工作,连同许多其他学者,深刻地启发和影响了本书的开展。这些学者在推进本书观点方面的贡献将遵循每章讨论的主题在书中一一展开描述。

本书中用于分析具身符号进行多模态选择的方法是系统功能多模态话语分析(SFMDA),该方法体现在 O'Halloran 和 Lim (2014)以及 Jewitt、Bezemer 和 O'Halloran(2016)的描述中。SFMDA 是 Halliday(1978,1985a)提出的系统功能理论的延伸。Halliday 一直对他的理论在教学中的应用感兴趣。他从他的研讨会论文《现代汉语语法分类》(Halliday, 1956/1976)(见 Fawcett, 2000)中发展出用于汉语教学的系统功能语言学。Christie(2007:1)观察到"对 Halliday 来说,教育过程是生活经纬线的一部分,而教育场所则构成了对语言进行深入分析的主要语境"。系统功能语言学通过以概念功能、人际功能和文本功能为导向的系统选择考察了语言中的意义(Halliday, 1985b/1994; Halliday & Matthiessen, 2004)。

Halliday(1985a:4)认为,语言学同时也是"一种符号学","因为语言被视为构成人类文化的众多意义系统之一"。正如 Djonov(2005:46)所言,"系统功能语言学是一种社会符号学理论,因为它根据社会语境塑造语言"。

使用"系统"一词来描述 SFMDA 中采用的多模态话语分析方法是恰当的。Halliday(1985a:4)解释了意义系统就是社会系统。它们是"文化行为模式"。这是因为意义总是在人们和他们所代表的社会文化群体之间的互动中交换。例如,Halliday(1978:12)将语言和社会视为"一个统一的概念",需要"作为一个整体进行研究"。同样的,SFMDA 中多模态符号资源和社会也无法分割。

选择的概念是系统功能理论的核心。Halliday(1994:xiv)宣称,"系统理论也是一种意义选择理论,因为通过选择语言或任何其他符号系统都会被解读为紧密相连的网络"。因此意义是通过在聚合和组合关系中进行选择而产生的。符号资源是由意义制造者选择的紧密相连的网络而组成的。正如 Halliday(1994:xiv-xxvi)所阐明的那样,选择"不是实时做出的有意识的决定,而是在一系列可供选择的可能性中根据实际文本做出的选择"。van Leeuwen(1999:29)解释道,这些选择通常"源于一种不假思索而遵循的惯例,一种无需反思而养成的习惯,或是一种无意识的冲动"。

Gunther Kress 在社会符号学中进一步发展了意义制造者可用的、可执行的选择,以此承认符号制造者的"利益"。Kress(1993)认为所有意义建构的行为都是由利益驱动的。他把兴趣定义为:

> 个体与某一对象或事件关系的表达和实现,在某一特定时刻,在与该个体认为相关的情境里与其他构成因素的互动中,从社会整体中凸显出来。
>
> (Kress,1993:174)

正如 Jewitt(2009:31)所解释的,兴趣将一个人对不同资源的选择与符号产生的社会语境联结起来。Kress 等人(2001:5)认为:

> 我们假设:形式和意义、能指和所指之间的关系从来不是任意的,而是总是出于符号制造者的利益,目的是寻找她或他认为有可能最佳、最合理的意义表达形式。

因此,系统功能理论以及扩展后的 SFMDA 所能提供的视角是:意义的建构是选择的结果。这些选择可能并不总是有意识的或有意的,但它们总是被意义制造者的利益所激发。从这个角度来看,文本中意义的解释源于 Edmund Husserl(1907,1964)的主体间性概念。系统功能理论文献认为,主体间性立场可以为意义解读提供一个有用的视角(参见,例如 Halliday,1975,1994;Hasan,1992;Hasan,Cloran & Butt,1996;Thibault,2004)。White(2003)在系统功能理论中,特别是在评价理论中扩展了这一点。他认为,"立场和态度从根本上说是社会性的,而不是个人的。因此,当演讲者/作家决定采用某种立场时,或者当他们为自己构建一个特定的角色或身份时,通常是通过参与社会决定的价值立场这一过程来实现的"(White,2003:280)。从某种意义上说,社会主体间性立场就是一项普遍的三角协议、一种共同的理解、在一个符号社区内对话语中意义的特定语境化解释。在本书中,我们认为,有了多模态符号意识,在设计学生的学习体验时教师可以更加流畅地运用可用的符号学资源。

正如 Machin (2009:182)在 O'Toole(1994—2010)的绘画研究中所观察到的那样,SFMDA 视角在系统网络中对于选择概念和意义潜势概念的前景化处理的优势之一,就是"取代了诸如'唤起''表明'等我们经常在艺术作品中讨论的术语,并转而使用一些更为系统和稳定的术语,由此我们可以借助更为具体的术语来谈论这样的作品是如何交流的"。这些都是通过系统功能理论提供的元语言和 SFMDA 提出的理论视角来实现的。本书提出了一种描述符号模式的元语言,比如教师在课堂中对于空间和手势的使用。这使得教育研究人员和教师能够描述和讨论他们如何使用这些符号模式,以及如何据此建构意义。换句话说,其目的是为我们提供多模态教学话语的语言。

系统功能理论也关注社会符号资源所产生的功能意义。Halliday(1994:xiii)解释说,在系统功能理论中使用"功能"这一术语是"因为它所基于的概念框架是功能框架而不是形式框架"。他解释说"每一个文本……在某种使用语境中展开"。系统功能理论的重点是理解和评估其在语境中使用的意义。

系统功能理论的核心观点是意义在语境中的功能。这源于人类学家 Bronislaw Malinowski 所做的工作。对 Halliday(1978:2)而言,语言作为社会符号学意味着"在社会文化语境中解释语言,其中文化本身被符号学术语解释为信息系统"。因此,系统功能理论的一个前提是,意义是在语境中建构的,且只能在语境中进行解释。系统功能理论主张语言发生的社会文化背景与语言的功能组织之间存在系统关系(见 Halliday,1978;Halliday & Hasan,1985)。

语境的概念不仅在系统功能理论中很重要，而且正如 Machin（2009:189）所观察到的那样，"在批评话语分析中……值得注意的是，两位最著名的学者 van Dijk（1993）和 Fairclough（1995）都强调了语境知识的重要性"。

与此相一致，SFMDA 方法在其特定的情境和文化背景下解释了符号模式产生的意义，如教师手势以及教师在定位和移动时对空间的使用。在本书中，课堂上产生的意义通过不同的课程微体裁和课程体裁来定位和解释。由 Frances Christie 提出并在第二章中讨论的课程体裁理论，为将课程中的多模态符号资源所产生的意义置于语境中提供了一个富有成效的框架。

在 SFMDA 中，正如在系统功能理论中一样，各种符号资源的意义潜势不仅体现在系统网络中，而且意义也是以元功能的方式组织的。Halliday（1978）的社会符号学理论将符号资源的意义潜势塑造成为三个不同的元功能：(1) 人际意义，即社会关系的设定；(2) 概念意义，表达我们对世界的看法；(3) 文本意义，将意义组织成连贯的文本和单位。

意义的元功能组织在多模态研究中特别有用，因为它提供了一套跨符号资源的共享基石，用于整合和比较。意义是通过语言、手势和课堂空间的使用等符号学模式建构的。因此，符号学资源中意义的组织为研究符号间关系提供了一个统一平台。这将在本书的第六章中进一步讨论。

多模态研究为课堂研究和应用带来了巨大前景。SFMDA 中提供的多模态视角关注了教学符号中的其他模态，并通过共现的模态整合与互动解释了教学话语中的含义。如本章所述，SFMDA 方法强调在教学中考虑发展多模态新理论和新策略的需求。因此，多模态视角提供的教学新范式向我们展现了一个需要深入探索和调查的研究空间。同样的，认识教学话语中多模态符号的本质也将促成可行的、有价值的课堂研究和实践。

七、从具身教学到学习设计

本书主要研究如何通过具身教学来进行设计学习，也就是说，教师如何通过多模态符号资源表达特定的教学法。本书中的章节根据教师的具身模式使用进行编排，比如教师在课堂空间中的移动和位置，以及课堂中手势的使用。我们还将探索各种符号技术对教学的意义，并反思如何在学生学习体验的设计中协调这些多模态资源。

第一章 具身教学

在这一章中,我介绍了"具身教学"的概念。这一概念将在本书的其他章节中用具体的例子加以说明。我还介绍了本书的理论方向,特别是基于社会符号学的原则和系统功能多模态话语分析(SFMDA)的原则。本书立足教育符号学领域,利用社会符号学视角提供对于教与学的见解。本书还运用 SFMDA 方法来研究教学话语中的多模态选择。我们认为,教师在识别并关注其选择以及这些选择意义潜势的过程中,可以培养符号学意识,并为学生设计有意义的学习体验。

第二章旨在描述将多模态研究成果应用于课堂研究的价值,并由此展开讨论。我将展示由 Frances Christie(1993,1997,2002)开发、由 Kay O'Halloran(1996,2004)扩展的课程体裁理论如何用于描述每节课的课程微体裁。基于 Lim(2011)和 Lim、Tan(已提交出版)的研究,我们认为,通过识别课程微体裁,教师将能够认识到每一节课中的不同阶段,能够识别针对每个阶段最合适的多模态整体编排的实质,这本身就是一项富有成效的努力。

第三章通过引入"空间教育学"的概念,探讨教师在课堂中对物理空间的使用。本章讨论了教师在课堂中的定位和移动如何成为教学过程的基础。在文化人类学家 Edward Hall(1959,1966)的研究之后,以 Lim(2011)和 Lim、O'Halloran、Podlasov(2012)的研究为基础,我们认为教室中的特定空间具有一定的意义,一方面是考虑课堂上教学话语的本质,另一方面也参考了与学生和教学资源有关的教室中的位置和距离。从这个角度看,空间教育学是通过位置类型与运动方向、空间使用与其他符号模式(如语言、手势和教材)的符号间关联来表达的。通过举例,我描述了两位教师在课堂上教授同样主题的前提下空间使用的差异,用以突出他们在具身教学中不同的空间选择。

在第四章中,我们将注意力转向具身教学的另一个基本方面,即教师在课堂上的手势使用。随着视频录制技术的普及,现在我们有办法收集到多模态的课堂数据,例如教师如何使用手势、教师的位置以及教室空间,用以制定具体的教学法。这些数据可以帮助教师回顾和反思他们在手势选择中的含义。这种意识有助于教师理解如何使用身体资源,来为学生设计特定学习经历的意义潜势。虽然收集此类数据的技术唾手可得,然而数据解读依然充满挑战。如何对教师做出的手势选择进行标注、分析和解释?根据系统功能理论,并基于 Lim(2011)和 Lim(2019a)的研究,我展示了 SFMDA 方法如何应用于课堂上教师手势的标注和分析。SFMDA 分析教师手势的方法建立在当前对手势研究及其理论概念的基础上,并通过从真实课堂语料库中选择实例来扩展分类。

第五章探讨了各种用于课堂教学的教育工具和资源，包括技术的和非技术的，其中包括在许多课堂环境中对常用资源的适配使用，比如无处不在的白板，还有一些新兴的学习技术，比如在课堂中使用应用程序进行数字游戏和学习。这些（数字）教育工具和资源就是我们所指的符号学技术，即意义建构的技术。这一视角就是以符号学实践的站位来考虑设计、使用以及社会文化语境。我认为，教育工具，特别是学习技术，可以有效地促进现有的教学实践，并在课堂上实现创新。尽管如此，这些工具也可能带来一定的机会成本。使用不同的符号技术可以为学生设计不同的学习体验，具身教学会帮助我们更好地认识这些特定符号技术可能带来的价值和成本。

第六章通过对符号资源的多模态整合来讨论意义的编排。教师对语言、手势和教室空间的组合使用被视为她的教学法的一种表达。本章的观点将基于 Lim(2011) 和 Lim (2019b) 对新加坡两位教师的研究来展开。通过对这些案例研究中教师多模态选择的分析和解读，"结构化的非正式性"作为教师教学法的一种呈现形式变得有意义，为教师如何利用多模态资源为学生设计有效的学习体验提供了一种途径。

第七章的结论将书中的关键思想连贯起来，并将重点从教学转移到学习。具身教学的目的就是设计学习和为学习而设计。这本书在 Michael Halliday 关于"适用语言学"的框架内，旨在将知识解读并应用到实践中，并且将其作为理论构建的一部分。我讨论了在多模态研究中进行解读研究的必要性，并反思了本书中对教师专业发展以及政策和课程影响的理解。最后，提出了教育符号学领域研究和实践的未来方向，以激励其他志同道合的教育研究者、教师、实践者和决策者参与这场挑战，即从多模态的角度通过优化教学来设计学习。

大约二十年前，Gunther Kress 宣称：

> 如果不充分挖掘当前发展所提供的——从广义的、隐喻的角度上来看——知识学习的呈现和沟通的潜势，并一致努力确定其方向，这将是对知识分子责任不可原谅的遗弃。

（2000：161）

本书与多年来学术界的努力一道，响应 Gunther Kress 的号召，利用多模态研究中已经取得的进展，在教育第一线——也就是课堂——了解并尝试改变教与学。

参考文献

Allington, R. L. & McGili-Franzen, A. (2000). Looking back, looking forward: A conversation about teaching reading in the 21st century. *Reading Research Quarterly* 35(1), 136–153.

Amundrud, T. (2018). Applying multimodal research to the tertiary foreign language classrooms: Looking at gaze. In H. D. S. Joyce & S. Feez(eds), *Multimodality Across Classrooms: Learning About and Through Different Modalities.* 160–177. London & New York: Routledge.

Bernstein, B. (1990). *Class, Codes and Control: Volume IV. The Structuring of Pedagogic Discourse.* London & New York: Routledge.

Bernstein, B. (2000). *Pedagogy, Symbolic Control and Identity: Theory, Research, Critique.* Lanham, Maryland: Rowman & Littlefield Publishers Inc.

Bezemer, J. & Kress, G. (2016). *Multimodality, Learning and Communication: A Social Semiotic Frame.* London: Routledge.

Bezemer, J., Diamantopoulou, S., Jewitt, C., Kress, G., & Mavers, D. (2012). Using a Social Semiotic Approach to Multimodality: Researching Learning in Schools, Museums and Hospitals. NCRM Working Paper. NCRM. (Unpublished.)

Christie, F. (1993). Curriculum genres: Planning for effective teaching. In B. Cope & M. Kalantzis (eds), *The Powers of Literacy: A Genre Approach to Teaching Writing* (154–178). Pittsburgh: University of Pittsburgh Press.

Christie F. (1995). Pedagogic discourse in the primary school. *Linguistics and Education* 7(3), 221–242.

Christie F. (1997). Curriculum macrogenres as forms of initiation into culture. In F. Christie & J. R. Martin (eds), *Genre and Institutions: Social Processes in the Workplace and School* (134–160). London: Cassell.

Christie F. (2002). Classroom Discourse Analgsis: A Functional Perspective.

London & NewYork: Continuum.

Christie F. (2007). On going dialogue: Functional Linguistic and Bernsteinian sociological perspectives on education. In F. Christie & J. Martin (eds), *Language, knowledge and pedagogy: Functional Linguistic and Sociological Perspective* (3 - 13). London & NewYork: Continuum.

Christie, C. & Macken-Horarik, M. (2007). Building verticality in subject English. In F. Christie & J. Martin (eds), *Language, Knowledge and Pedagogy: Functional Linguistic and Sociological Perspectives* (156 - 183). London & New York: Continuum.

Christie, C. & Macken-Horarik, M. (2011). Disciplinarity and school subject English. In F. Christie, & K. Maton (eds), *Disciplinarity: Functional Linguistic and Sociological Perspectives* (175 - 197). London & New York: Continuum.

Djonov, E. N. (2005). Analysing the Organisation of Information in Websites: From Hypermedia Design to Systemic Functional Hypermedia Discourse Analysis. (Unpublished doctoral dissertation.) University of New South Wales, Sydney.

Fairclough, N. (1995). *Critical Discourse Analysis*. London: Longman.

Fawcett, R. (2000). *A Theory of Syntax for Systemic Functional Linguistics*. Amsterdam/Philadelphia: John Benjamins.

Foucault, M. (1972). *The Archaeology of Knowledge and the Discourse on Language* (A. Sheridan, Trans.). United States: Pantheon Books. (Original work published 1969.)

Hall, E. (1959). *The Silent Language*. New York: Doubleday.

Hall, E. (1966). *The Hidden Dimension*. New York: Doubleday.

Halliday, M. A. K. (1956/1976). Grammatical categories in modern Chinese. *Transactions of the Philological Society* 1956, 180 - 202.

Halliday, M. A. K. (1975). *Learning How to Mean: Explorations in the Development of Language*. London: Edward Arnold.

Halliday, M. A. K. (1978). *Language as Social Semiotic: The Social Interpretation of Language and Meaning*. London: Edward Arnold.

Halliday, M. A. K. (1985a). Part A. In M. A. K. Halliday & R. Hasan (eds), *Language, Context, and Text: Aspects of Language in a Social-Semiotic Perspective* (1-49). Geelong, Victoria: Deakin University Press.

Halliday, M. A. K. (1985b/1994). *An Introduction to Functional Grammar* (2nd edition). London: Arnold (1st edition 1985).

Halliday, M. A. K. (1989). *Spoken and Written Language*. Oxford: Oxford University Press.

Halliday, M. A. K. & Hasan, R. (1985). *Language, Context, and Text: Aspects of Language in a Social-semiotic Perspective*. Geelong, Victoria: Deakin University Press.

Halliday, M. A. K. & Matthiessen, C. M. I. M. (2004). *An Introduction to Functional Grammar* (3rd edition). London: Arnold (1st edition 1985).

Hasan, R. (1992). Meaning in sociolinguistic theory. In K. Bolton & H. Kwok (eds), *Sociolinguistic Today: International Perspective* (80-119). London & New York: Routledge.

Hasan, R. (2001). The ontogenesis of contextualised language: Some achievements of classification and framing. In A. Morais, I. Neves, B. Davis, & H. Daniels (eds), *Towards a Sociology of Pedagogy. The contributions of Basil Bernstein to Research* (47-80). New York, Washington, Frankfurt, Berlin, Brussels, Vienna and Oxford: Peter Lang.

Hasan, R., Cloran, C., & Butt, D. (eds) (1996). *Functional Descriptions: Theory in Practice*. Amsterdam: Benjamins.

Husserl, E. (1964). *The Idea of Phenomenology*. The Hague: Martinus Nijhoff. (Original lectures given in 1907.)

Jewitt, C. (2009). Different approaches to multimodality. In C. Jewitt (ed.), *The Routledge Handbook of Multimodal Analysis* (28-39). London & New York: Routledge.

Jewitt, C., Bezemer, J., & O'Halloran, K. L. (2016). *Introducing Multimodality*. London & New York: Routldge.

Kress, G. (1993). Against arbitrariness: The social production of the sign as a foundational issue in critical discourse analysis. *Discourse and Society* 4

(2), 169-191.

Kress, G. (2000). Design and transformation: New theories of meaning. In B. Cope & M. Kalantzis(eds), *Multiliteracies: Literacy Learning and the Design of Social Futures* (153-161). South Yarra, Victoria: Macmillan Publishers Australia Pte Ltd.

Kress, G. (2010). *Multimodality-A Social Semiotic Approach to Contemporary Communication*. London & New York: Routledge.

Kress, G., & Selander, S. (2012). Multimodal design, learning and cultures of recognition. *The Internet and Higher Education*. 15(4), 265-268.

Kress, G. & van Leeuwen, T. (2001). *Multimodal Discourse: The Modes and Media of Contemporary Communication*. London: Edward Arnold.

Kress, G., Jewitt, C., Orgborn, J., & Tsatsarelis, C. (2001). *Multimodal Teaching and Learning: The Rhetorics of the Science Classroom*. London & New York: Continuum.

Laurillard, D. (2012). *Teaching as a Design Science. Building Pedagogical Patterns for Learning and Technology*. New York & London: Routledge.

Lemke, J. L. (2002) Travels in hypermodality. *Visual Communication*. 1(3), 299-325. Retrieved from www-personal.umich.edu/~jaylemke/papers/hypermodality/travels-App.htm

Lim, F. V. (2011). A Systemic Functional Multimodal Discourse Analysis Approach to Pedagogic Disourse. Doctoral thesis. National University of Singapore.

Lim, F. V. (2019a). Investigating Intersemiosis: A Systemic Functional Multimodal Discourse Analysis of the Relationship between Language and Gesture in Classroom Discourse. *Visual Communication*, Online First.

Lim, F. V. (2019b). Analysing the Teachers' Use of Gestures in the Classroom: A Systemic Functional Multimodal Discourse Analysis. *Social Semiotics* 29 (1), 83-111.

Lim, F. V. (2021). Towards Education 4.0: An Agenda for Multiliteracies in the English Language Classroom. In F. A. Hamied(ed), Literacies, culture, and society towards industrial Revolution 4.0: Reviewing policies, expanding research, enriching practices in Asia. Nova Science.

Lim, F. V. & Hung, D (2016). Teachers as learning designers: What technology has to do with learning. *Educational Technology* 56(4), 26 – 29.

Lim, F. V. & Tan, J. M. (submitted for publication). Lesson Microgenres: An Approach to Multimodal Classroom Discourse.

Lim, F. V., O'Halloran, K. L., & Podlasov, A. (2012). Spatial pedagogy: Mapping meanings in the use of classroom space. *Cambridge Journal of Education* 42(2), 235 – 251.

Liu, Y & O'Halloran, K. L. (2009). Intersemiotic texture: Analyzing cohesive devices between language and images. *Social Semiotics* 19(4), 367 – 388.

Machin, D. (2009). Multimodality and theories of the visual. In C. Jewitt (ed.), *The Routledge Handbook of Multimodal Analysis* (181 – 190). London & New York: Routledge.

Macken-Horarik, M., Love, K., & Unsworth, L. (2011). A grammatics 'good enough' for school English in the 21st century: Four challenges in realising the potential. *Australian Journal of Language and Literacy* 34 (1), 9 – 12.

Martin, J. R. (1992). *English Text: System and Structure*. Amsterdam/Philadelphia: John Benjamins Publishing Company.

McKinsey & Company (2017). How the world's best-performing school systems come out on top. Retrieved from www.mckinsey.com/clientservice/social_sector/our_practices/education/knowledge_highlights/best_performing_school.aspx

Muller, J. (2007). On splitting hairs: Hierarchy, knowledge and the school curriculum. In F. Christie & J. Martin (eds), *Language, Knowledge and Pedagogy, Functional Linguistic and Sociological Perspectives* (65 – 86). London & New York: Continuum.

O'Halloran, K. L. (1996). The Discourse of Secondary School Mathematics. (unpublished doctoral dissertation.) Australia: Murdoch University.

O'Halloran, K. L. (2004). Discourse in secondary school Mathematics classrooms according to social class and gender. In J. A. Foley (ed.), *Language,*

Education and Discourse: Functional Approaches (191 – 225). London & New York: Continuum.

O'Halloran, K. L. (2007). Mathematical and scientific forms of knowledge: A systemic functional multimodal grammatical approach. In F. Christie & J. Martin(eds), *Language, Knowledge and Pedagogy, Functional Linguistic and Sociological Perspectives* (205 – 236). London & New York: Continuum.

O'Halloran, K. L. (2011). The semantic hyperspace: Accumulating mathematical knowledge across semiotic resources and modalities. In F. Christie, & K. Maton (eds), *Disciplinarity: Functional Linguistic and Sociological Perspectives* (217 – 236). London & New York: Continuum. Retrieved from http://multimodal-analysis-lab. org/_ docs/pubs15-O'Halloran (in _ press)-Accumulating_Maths_Knowledge_in_Classroom.pdf

O'Halloran, K. L. & Lim, F. V. (2014). Systemic functional multimodal discourse analysis. In S. Norris & C. Maier (eds), *Texts, Images and Interactions: A Reader in Multimodality* (135 – 154). Berlin: De Gruyter.

O'Halloran, K. L., Chua, A., & Podlasov, A. (2014). The role of images in social media analytics: A multimodal digital humanities approach. In D. Machin (ed.), *Visual Communication* (565 – 588). Germany: De Gruyter.

O'Toole, M. (1994/2010). *The Language of Displayed Art* (2nd edition). London & New York: Continuum.

Potter, J. & McDougall, J. 2017. *Digital Media, Culture and Education: Theorising Third Space Literacies*. London: Palgrave Macmillan.

Sadovnik, A. R. (ed.) (1995). *Knowledge and Pedagogy: The sociology of Basil Bernstein*. Norwood, NJ: Ablex Publishing Company.

Selander, S. (2008). Designs for learning-A theoretical perspective. *Designs for Learning* 1(1), s. 10 – 22.

Stöckl, H. (2004). In between modes: Language and image in printed media. In E. Ventola, C. Cassily, & M. Kaltenbacher(eds), *Perspectives on Multimodality* (9 – 30). Philadelphia and The Netherlands: John Benjamins Publishing Company.

Thibault, P. (2004). *Brain, Mind and the Signifying Body: An Ecosocial Semiotic Theory*. London & New York: Continuum.

Towndrow, P. A., Nelson, M. E., & Yusuf, W. F. B. M. (2013). Squaring literacy assessment with multimodal design: An analytic case for semiotic awareness. *Journal of Literacy Research* 45(4), 327–355.

van Dijk, T. A. (1993). Principles of critical discourse analysis. *Discourse & Society* 4(2), 249–283.

van Leeuwen, T. (1999). *Speech, Music, Sound*. London: Macmillan.

Walsh, S. (2011). *Exploring Classroom Discourse: Language in Action*. London & New York: Routledge.

White, P. (2003). Beyond modality and hedging: A dialogic view of the language of intersubjective stance. *Text* 23(2), 2549–2598.

Wignell, P. (2007). *On the Discourse of Social Science*. Darwin, Australia: Charles Darwin University Press.

第二章
多模态教学话语

一、课堂上的话语

课程设计由什么构成？课堂是一个仅仅聚焦于知识传播的单一复合实体还是包含了迥然各异的不同部分？我们如何描述学生获得的课堂体验？这一章我们将要讨论课堂中不同类型的意义建构活动。我们将要考查如何识别课程中不同阶段的价值，即"课程微体裁"，并探索多模态社会符号学的视角如何帮助我们理解这些课程微体裁中多模态构成的意义。我们认为，识别课程微体裁可以为教师提供一面反思课堂上发生的话语类型和本质的"镜子"。将课程分类为特定的多模态教学话语，也为教育研究者提供了用来理解、研究和比较课程的分析框架，促成了每节课中课程微体裁模式的可视化。在接下来的章节中，我们将介绍课程体裁理论，它为每节课中课程微体裁框架的发展提供了理论基础。

教学不仅仅是空谈，它还涉及老师在课堂上建构意义的不同方式。多模态语篇所表达的各种意义给学生带来了不同的学习体验。教学话语的表达总是多模态的——通过教师的语言、手势、动作、定位，以及在课堂上使用符号学技术。无论它们是被有意还是无意地使用，这些符号资源都会联合起来向学生表达特定的含义——大多数时候是连贯的，有时（无意中）不是——但正如 Kress (2010)所指出的，都是积极主动的。教师在课堂上运用符号模式与符号学技的效果有助于提升学生的学习体验。

一些教育研究者在最近几年的多模态热点出现之前,就已经对教学并不仅仅通过语言来完成这一认识产生了兴趣。例如,Lawn(1999)观察到,许多教师没有意识到教室作为教学的物质环境对教学产生的影响。Englund(1997:277)还指出,教师在为学生建构课堂体验时具备不同的可能性,这些可能性"在不同的教室中以不同的方式具身化"。

教室的布置和展示也被认为可以提供教学资源,可以用于传播教学实践以及学校管理的"基本协调原则"(Daniels,2001:169)。Gunther Kress 和他的同事在对英国英语课堂的研究中得出结论:"在特定的课堂上实现的主题,从父权主题到民主主题,都可能是以完全不同的方式进行转变的"。这与 Seaborne 和 Lowes(1977)的早期观点是一致的,即建构本身实际上就已经"成为"一种教学方法。

尽管如此,教学话语和师生互动的研究传统上倾向于仅仅关注课堂语言的分析(参见,例如 Sinclair & Coulthard,1975;Mercer,2000;Walsh,2006,2011)。通常情况下,此类研究强调语言交流,而忽视或轻视教师在课堂上使用的手势、定位和动作所产生的意义。然而,正如 Kress(2003:35)所观察到的:"仅仅语言本身并不能让我们了解由多模态建构信息的含义,语言和读写能力现在也只能被视为部分意义的承载者。"因此,仅仅关注课堂互动的语言并不能解释符号模式是如何协同设计学生的学习体验的。

从学生的角度来看,他们不仅仅是听老师在课堂上说什么,当老师在课堂上"表演"多模态教学话语时,他们也同时在观察老师,在试图"读懂"(老师)。默多克大学(Murdoch University)传播学荣誉教授 Michael O'Toole 在其关于多模态极富创造力的著作 *The language of Displayed Art* 中指出,"我们在日常生活中'阅读'其他人:面部特征和表情、站姿、手势、典型动作和衣着"(O'Toole,1994:15)。Norris(2004:2)也认为"所有的运动、噪声和物质实体一旦被人感知,就会承载交互意义"。同理,教师一走进教室,尽管一言未发,就已经在与学生进行多模态交流了。我们的交流不仅仅是说或听,还通过我们的面部表情、眼神、手势和动作感知来达成。

Kress 等(2005)证明,即使在英语课堂上,语言也不一定总是占主导地位的符号资源。同样,Bourne 和 Jewitt(2003)研究了文学文本是如何通过社会互动被影响和重构的。他们的工作表明多模态社会符号学的视角将会如何有助于更全面地理解课堂教学。Flewitt(2006：46)解释说："语言只是人类符号的一种,个体对符号模式的选择是由一个相互联系的个人因素、制度因素和社会因素合成的复杂网络驱动的。"鉴于此,O'Halloran(2007b：79)认为"仅仅研究语言具有理论局限性,有可能简化和扭曲教学实践的真实本质"。因此,不再仅仅强调语言,而是同时重视其他意义建构资源的研究,如此一来才能真正明确教育的核心所在。在设计学习体验时,我们认为教师需要了解如何通过符号资源的组合来建构不同的意义。我们认为,这种符号学意识可以帮助教师为学生设计各种各样的学习体验,在意义建构的多模态协作中做到游刃有余。

二、课程类型理论

Frances Christie,墨尔本大学语言和读写教育名誉教授,发展了课程宏观体裁和课程微体裁理论(1993,1997,2002),调查了一门学科的某主题在教学中的不同阶段,并对其发展过程进行描绘。课程类型理论的发展是为了研究课堂学习的组织和结构,研究它们所处情境如何,并如何与课程的宏观设计相关。Christie(2002：2)也同样支持并采用课程体裁理论来研究课程进程,她认为:"如果我们不愿意认真研究学校机构特有的话语类型,我们就无法真正理解它。"

Frances Christie 借鉴了系统功能理论,比如她的体裁理论就是遵循系统功能的传统提出的,同时她还借鉴了 Bernstein(1990,2000)社会学理论的某些方面,特别是其中对教学话语的理论构想。Christie(2002：3)将"课堂活动视作结构化的经验,以及作为社会实践的课堂工作的相关概念"。Christie(2002：3)提出"教学话语可以创造课程体裁,有时在更大范围内被称为课程宏观体裁"。这些课程体裁和课程宏观体裁代表了课程活动的单元,通过标识不同的教学话语类型,着力显示出课程设计的统一性、发展过程、一致性及伴随时间发生的变化,这就使得不同课程和学科之间的比较成为可能。

Christie(2002：96)观察到,"在各个层次的学校教学中,不连续的课程类型代表的课程活动,对学习的进步和发展意义不大"。因此,她认为除非有证据表明在理解和某种学习方面有了显著变化和发展,且是开启一种新形式的"不寻常的知识"(参见 Bernstein,2000：28－29),否则这一系列出现的教学片段也不过只是一系列不连续活动的集合而已。

鉴于此，Christie(2002)提出了课程宏观体裁模型来举例说明不同学科中教与学是如何组织的，在这些例子中我们可以看到课程体裁并不是离散的，而是以各种方式相互联系的。Christie(2002:25)进一步解释：

> 它不仅告诉我们构建教学知识和关系的方式，而且让我们可以正确判断哪些学科匹配怎样不同的教学模式才能获得成功。

> 对于教育研究者而言，课程体裁理论的价值在于，它可以成为"选择课堂文本进行分析和解释的原则和基础"(Christie, 2002:22)。

尽管(Christie, 2002:3)只研究了课堂上的语言，但她承认，语言不能被理解为某种"离散的、独立的实体，而应该被理解为人类相互联系的复杂符号形式的一部分"。也就是说，教学话语是多模态的，同时在时间和空间上进行表达。

三、课堂微体裁

Kay O'Halloran，利物浦大学传播与媒体讲座教授，在她的数学课堂调查(1996, 2004)中将 Frances Christie 的课程体裁理论扩展到课程单位，于是提出了数学课堂中"课程微体裁"的概念。O'Halloran(1996:59)借鉴了 Lemke(1990)的活动类型构想，并将其纳入到"课程微体裁"中，这样每个体裁都包含了特定的话语类型。Kress 和 van Leeuwen(2001:4)认为话语是"(某些方面)现实的社会建构知识"，这一定义同时契合了本书的观点。

课程微体裁是多模态的——通常是用语言，但也伴有其他符号模式——在时间和空间中表达。O'Halloran(1996:65)解释说："实际文本的展开是以分句动态显示的。如此，用于分析课程的微体裁的概括性描述就可以用来动态代表实际文本的展开。"

在本章中，课程微体裁的案例基于新加坡通识课程(General Paper)课堂的案例研究展开并进行数据收集工作。通识课程是新加坡-剑桥高级教育证书等级考试(GCE-A)的一门科目，它是一门高级英语考试科目，学生需要在考试中完成作文和阅读理解。通识课程是为专科学院中准备两年制 GCE-A 水平考试的学生开设的。在案例研究的基础上，我们提出了一堂典型通识课程的4个主要类别和25个课程微体裁。4个类别分别是课程开始、课程转变、课程进展和课程结束。课程微体裁列表如表 2.1 所示。课程微体裁表达了特定多模态教学的意义互动，因此被称为"话语"。在通识课程的情境中，课程每个阶段的课程微体裁都能一一呈现,并在表 2.1 中进行简短描述。

表 2.1　通识课程课堂的课程微体裁

课程开始

问候话语(DG)	老师和学生在上课开始和结束时的礼貌用语
出勤话语(DA)	确认学生是否到课
作业检查话语(DHW)	讨论上一课的作业
课程目标话语(DLO)	对课程目标的定位
行政话语(DAD)	与教、学无关的操作
复习话语(DRV)	指称上节课的内容
事件解释话语(DEE)	指称研究本身

课程进展

指令话语(DI)	为具体的课程活动做准备
哲学话语(DPH)	促进批判性反思的问题讨论
常识话语(DGK)	对事实的讨论
语言话语(DOL)	语法和词汇教学
技能话语(DOS)	学科技能教学
内容话语(DOC)	学科知识教学
阅读话语(DR)	由老师或学生高声朗读文章段落
考试话语(DEX)	指称评价
荧光屏幕(VS)	视频的使用
学生工作(SW)	学生以小组或个人的形式完成分配的任务
个人辅导话语(DPC)	学生工作中对学生个体的回应

课程转变

动机话语(DM)	鼓励学生
关系建立话语(DRB)	与学生互动
纪律话语(DD)	重申期望与行为准则
许可话语(DP)	回应学生的请求
时间核对话语(DTC)	指称时间
外部干扰话语(DED)	指称中断

续表

课程结束	
课程总结话语（DSL）	总结学习要点
作业发布话语（DIH）	指称课后下一步的任务
下次课程安排话语（DAM）	指称未来计划

四、课程分析

在本节中，我们将描述 25 个课程微体裁是如何通过课程中的多模态教学话语来表达的。虽然谈话通常是话语实现的主要符号模式，但我们还将探讨手势、动作、位置等其他符号模式如何在课堂中多模态地表达教学话语。

微体裁课程的例子是 Lee 和 Mei（化名）在新加坡预科大学进行的通识课程（也被称为英语课程）的案例研究。Lee 和 Mei 在性别和教学经验上都有所不同。Lee，男，二十多岁，是一名只有不到两年的通识课程教学经验的新手教师。Mei，女，三十多岁，是一名经验丰富的教师，教授通识课程十几年。她还担任英语系的领导职务，并参与学校课程规划和教师工作策划。

Lee 的授课时间为 6035 秒（约 100 分钟），Mei 的授课时间为 5633 秒（约 93 分钟）。老师花在每个课程微体裁上的时间，以及总时间的百分比都会在以下课程微体裁的描述中呈现出来。这样一来，老师在每一种特定话语中所投入的课程时间比例就能够一览无余。两位老师在课程整体时间上有些许差异，主要是因为 Mei 在上课铃响几分钟后才走进教室，这是学校里许多老师的常见做法。同样，两位老师也会在下课铃响几分钟后才下课。

我们分析和比较 Lee 和 Mei 的课，主要是因为他们在课程背景上有相似之处：同样作为预科考试前的最后一课，课程体裁同样是复习课。鉴于这些相似之处，我们认为，观察两位教师如何通过使用符号资源来表达独特的教学方法，为学生设计不同的教学体验，将是一项非常有趣的研究。

（一）课程开始

问候话语可以通过点头、微笑等手势或者面部表情来实现。一般来说，"问候话语"在语言上是通过社交礼仪来表达的，如 Mei 用一句"OK, Morning everyone"来紧接着回答学生的"Good morning"。问候话语通常会在课程开始和课程结束这两个阶段出现。除了主要体现人际意义的客套话外,"问候话语"还可以作为一种结构标识,给课程带来一种规则感。这是因为在教学环境中的"问候话语"已经演变成一种课程正式开始和结束的信号。这一点在 Mei 的课上很明显,她在问候语上花了 29 秒(0.52%),包括她开始口头问候,接着站在权威位置,也就是在教室的前方中心,等待学生准备好,从位置上站起来,然后又回到口头问候。这一系列的社交仪式会出现在课程开始和课程结束时。

出勤话语主要发生在当老师检查学生出勤状况时。老师指向教室里的学生数数,因此可以通过手势来表达。除此之外,老师也可以通过在考勤表上勾出班上学生的名字来实现。Lee 的出勤语言是通过言语表达的,他说:"我们现在再等等还没有来的同学。"出勤话语所占时间表明了老师对学生出勤的重视。就人际意义而言,教师通过出勤话语对学生宣示权力和控制,这正是学校教育调节话语的范例。Lee 花费了 15 秒(0.25%)的时间在出勤话语上,而 Mei 的课堂语汇中并未涉及此类话语。

作业检查话语是指对前一课作业的讨论。这主要通过言语来实现,Lee 会用一系列问题来表达,例如"上节课让大家阅读文本,大家都读了吗?"Mei 也会提问:"你们回去应该都做过研究了吧?""你还没做吗?"作业检查话语也可以通过多种模态实现,比如学生提交作业的举动,不管是学生从后向前传送作业,抑或走到老师面前交作业——老师很少走向学生收作业。如果发生此类情况,我们会特别标注。因为从人际意义角度来看,由于作业检查话语涉及控制和监管,用于确保学生遵守上一课的指示,这样一来教师的权力也一并体现出来。Lee 花了 7 秒(0.13%),Mei 花了 9 秒(0.16%)在作业检查话语上。

课程目标话语旨在帮助学生明确课程目标,它发生在教师阐述课程的目的时。例如,Lee 解释说:"这次我们主要探讨 AQ(应用问题),因为我认为 AQ 是我们可以获得更多分数的地方。"同样,Mei 也在她的课程目标话语中明确说道:"今天课程的重点是 AQ。"课程目标话语虽然大多数都是通过言语实现的,但它通常发生在教室的权威空间中,比如教师走到讲台中心,或者围绕着讲台讲课。Lee 和 Mei 分别花了 63 秒(1.06%)和 21 秒(0.36%)在课程目标话语上。Lee 之所以在课程目标话语上花更多的时间,是因为他引入了一种新的工具,即以模板形式帮助回答阅读理解考试中的应用题。

行政话语是指与教与学无关的行政事务。这可以在没有言语伴随的情况下出现,例如当老师给特定学生分发表格或信件时,并未作过多说明。此时,教师和学生都有一个共同的假设,即文件是不言自明的。Lee 大约花费 2 分钟(2.11%)在行政语言上。这是因为 Lee 的课是当天的第一节课,课程进行期间又恰逢猪流感的流行,所有学校都发布了监测学生体温的通知。因此,Lee 又花时间给学生们用体温计测量自己的体温,并记录在表格上。

复习话语指的是老师复习上一节课的内容,为当天的课程重点提供上下文语境,主要通过语言表达。例如 Lee 解释说:"在过去的几周内……我们一起回顾了常规试卷的习题。"同样的,Mei 也提醒同学们:"还记得上周我给你们第一套试卷……我们一起浏览了样题,对吧?"Lee 在复习话语上花费了 30 秒(0.5%),Mei 花费了 49 秒(0.87%)。两位老师都把课程材料作为以前教授内容的参考点。

事件解释话语并不是典型的课程微体裁,因为它主要发生在课堂成为研究人员的观察对象,并用以研究目的时。在这两节课中,事件解释话语为学生提供了本研究的相关信息。Lee 用时 43 秒(0.71%),Mei 用时 36 秒(0.64%)。Lee 同时教导学生们要尽可能保持自然。他解释说:"此次观察是为了研究目的,我们不用刻意让本节课变得'完美'。"Mei 也提醒学生们,如果不想参加这项研究,可以选择离开课堂,课后再去找她补课。她进一步强调说:"如果有同学觉得(被观察)不舒服,可以直接走出教室。"

(二)课程进展

指令话语为准备特定课程活动的学生提供清晰的指导,主要通过语言来实现,且通常发生在教师处于课堂权威空间时。Lee 花了近 6 分钟(5.74%),Mei 花了近 7 分钟(7.20%)。在指令话语上花费的时间越长,就意味着会有更多的指示和规则来构建课程活动。比如,Mei 发出指令:"拿起书,翻到第 71 页。"此时,她指明该页段落是她上课的主要内容。Lee 在介绍模板组织学生的申请问题回答时,提出一个更加程序化的指令,并将其作为发布该指令的原因。他解释说:

  首先,我们拿出一张纸,在纸上先画出模板……画下来,你就明白自己在做什么了。

将说明与解释相结合,与直接的命令相比,削弱了 Lee 作为教师的权威。通过解释,他也同时让学生理解到其背后的教学意图。

哲学话语关涉该学科的学科知识教学。它通过问题来讨论思想和概念,继而促进批判性反思。通常开放式问题会引发思考,挑战理解,而非寻求"正确"

答案。例如,Mei问道:"成功意味着什么?"通过这种方式,她向她的学生解释了有关成功多样复杂的定义。Lee讲课中也使用了哲学话语,例如一名学生对学校监控猪流感疫情一事提出批评,他的回应就是例子。他解释说:"每当危机或类似情况发生时,我们都尽力做到最好。这就是我们能做的,我们只能尽力而为。不是吗?"

常识话语也同样关涉该学科的学科知识教学。它包括对一般知识和时事的讨论以及封闭式问题。一般来说,教师心中早有答案。Lee的问题中即有常识话语的例子,比如他问道:"水培技术的积极方面是什么?"Mei也问过:"有人能告诉我奥林匹斯是什么吗?"虽然常识话语有助于向学生传授知识,但过度使用可能会疏远那些没有"正确"答案的学生。他们可能是社会经济背景较差的学生,因此可能没有同龄人所拥有的见识和经验(参见,例如Christie,2002;O'Halloran,2004);另一方面,哲学话语可以增强参与感,培养更高层次的思维技能。因此,好的常识话语和哲学话语可以相得益彰,可能会使较弱的学生获得必要的知识,培养批判性思维,从而逐渐缩小差距。Mei在哲学话语上的时间为16分钟(17.09%),而Lee仅为33秒(0.55%)。Lee在常识话语上的时间为21分钟(20.93%),而Mei的时间不到3分钟(3.00%)。

语言话语是对元语言的明确教学或讨论,其方式是关注语言的使用,例如关注语法以及特定词汇的意义。语言话语有助于学生元语言意识的培养。例如,当Lee说:"如果是法语,我们就不读T了。"Mei问:"什么是焦虑?"接着解释说:"一个焦虑的人就是一个时刻在担心的人。"Mei在语言话语上花了6分钟(6.06%),而Lee只花了5秒(0.08%)。

技能话语是将技能作为学生学科技能学习的一部分而进行的显性教学。举个例子,当Lee澄清说:"现在,记住在AQ(应用程序问题)中,我们在这段中无需总结,只需要列出几个好的观点,就够了。"同样,Mei提醒说:"我想强调的另一件事是,当你提及选择的主要观点时,一定要列出参考文献。"Mei在技能话语上花费将近24分钟(24.84%),而Lee只有10分钟(9.91%)。

内容话语是针对课程材料主题内容的探讨,也就是理解文章。举例说明,Lee说:"所以我们要谈一谈……饥饿或流离失所。我们在文本中找到了吗?"同样地,Mei指出:"第一点,如今谁能吸引年轻人的注意?名人。"内容话语不同于常识语言,因为内容语言的关注点是课程材料,也就是文本中的段落。Lee的话语内容耗时 14 分钟(14.10%),而 Mei 则不到 7 分钟(6.93%)。

阅读话语是指教师或学生大声朗读文章段落,有时由学生从座位上站起来朗读。Lee 和 Mei 在阅读话语上花的时间都很少。Lee 在阅读话语上花费的时间小于 34 秒(0.56%),Mei 小于 17 秒(0.30%)。阅读话语更多地发生在中小学英语教学中合唱阅读的环节。让学生大声朗读文章也是一种教学策略,可以帮助他们提高流利程度,为考试的口语部分做准备。由于"通识考试"只以书面形式进行,因此这两节课对阅读话语的重视程度也相对较低。

考试话语出现在明确指称考试时,通常以口头方式进行。有趣的是,尽管这两门课都是初级考试前的最后一节课,但两位老师都没有花费过多时间在考试话语上:Lee 只用了大约 20 秒(0.33%),而 Mei 根本未提及。Lee 郑重说道:"A 等级测试中,你们不会有 15 分钟的时间来思考的。"即使在此处,考试话语在某种程度上也与关于纪律话语相融合,因为他提醒学生们要集中精力完成任务,并注意速度。考试话语的匮乏可能是因为初级考试被认为没有学生之后要参加的新加坡剑桥教育证书考试(高级水平)重要。

荧光屏幕是指在课堂上使用多媒体来补充课程内容信息。视频播放占据了近 16 分钟(15.62%)的时间,在 Lee 教授所有课程微体裁中排名第二。Lee 连续播放了三段视频。关于视频的放映目的,Lee 在放映后进行了解释:"我认为这会帮助大家提出解决方案和想法……在考试时,你必须深入挖掘课堂上的知识点。"Lee 认为,"视频播放"有助于拓宽学生的学科知识。

学生作业指的是老师给学生布置任务,个人独立完成或通过小组合作完成。在多模态课堂中,通常伴随教师在教室里踱步或教师处在监督空间来监管学生。学生作业的任务包括回答理解问题或在前面讨论的基础上做练习。Mei 在学生作业上花了 15 分钟(14.61%),而 Lee 在学生作业上花的时间更少,不到 3 分钟(2.82%)。严格来说,为了简化分析,学生作业所花费的时间并不包含个人辅导话语的发生过程。

个人辅导话语发生在学生作业环节中学生向老师提问之时。老师通常走到学生旁边,站着、弯腰或坐在学生旁边回答他的问题,而其他同学则继续他们的作业。在 Lee 的课堂上,一名学生不确定是否能达到其期望值,Lee 试图通过抛出一系列问题来指导他:"你不知道该写什么,那么你应该评估什么呢?作者说了些什么?"在个人辅导话语环节,Mei 用时不到 2 分钟(2.01%),Lee 则超过

9分钟(9.21%),这可能是因为他引入了新的知识——使用模板来回答 AQ。因此,Mei 和 Lee 的学生参与练习活动的总时间分别为 17 分钟(16.62%)和 12 分钟(12.03%)。

(三) 课程转变

动机话语是指教师在学习过程中对学生进行激励和鼓励的过程。这通常伴随着教师面部表情、点头,以及代表肯定的手势,如"大拇指朝上",产生积极的课堂效果。Lee 和 Mei 在动机话语上分别花费了超过 4 分钟(0.65%)和 2 分钟(0.23%)的时间。Lee 阐述了事件解释话语后,转向动机话语,并对学生进行了鼓励:"我相信将来你也会做研究……这意味着你要么去读硕士,要么去读博士。"动机话语也可以出现在课程转变的主要类型中,此时它会打断课程进展,用于鼓励学生学习。比如,Mei 就告诫学生说:"这些概念并不陌生,对吧?不要让语言阻碍了你的理解,要从概念本身入手。"

关系建立话语有利于促进团结,缓和师生之间的等级关系。它一般发生在课程开始和课程结束这两个课程类型中。通常老师会讲述一些关于他们个人生活的轶事。话语领域由此从课堂和学科转向个人。例如,在有关非洲音乐的视频放映之后,Lee 说:"我喜欢非洲音乐,这很好。"Mei 利用关系建立话语与学生们分享故事和笑话。例如,当一个学生问她多大时,她回答说:"我已经大到可以开始发胖和长皱纹了。"关系建立话语通常以教师和学生的双向笑声为标志,使得课堂呈现出团结一致的样态。Lee 和 Mei 在关系建立话语上花费的时间差不多。虽然关系建立话语被归为课堂转变的大类别,但适度使用有助于与学生建立牢固的融洽关系,也会促进课程参与。动机话语和关系建立话语都有助于建立更加亲密的师生关系,增强师生间的归属感。

纪律话语与老师宣示权威,并在课堂上强制执行某些规则和规范有关。纪律话语可以在不使用语言的情况下实现。例如,老师可能会突然停止讲话,用沉默使学生注意到他们在课堂上的不良行为。纪律话语也可以通过手势指向来实现,老师可以不说话,指出一个分神的学生,并引导其集中注意力。此外,老师还可以走到行为不端的学生身边,站在旁边,帮助其遵守规则,而不需要通过语言来训斥。纪律话语的多模态表达有助于调节老师对学生的权威和权力。当然,当老师选择训斥班级或学生时,纪律话语通常是口头表达的。在大学预科阶段,由于学生已经是青少年,且较为成熟,因此很少看到此类表达。此时老师往往更谨慎地行使显性权力,以及公开表明师生的地位差异。

在个案研究中,Lee 对纪律话语的运用明显多于 Mei,几乎是 Mei 的 7 倍。Lee 和 Mei 在纪律话语中都会运用的一些策略,包括幽默,不单独、公开地对特定学生进行训诫,以此通过语言以外的符号模式来缓和紧张和严厉的气氛。例如,Lee 在开玩笑时使用幽默策略:"Evan,你以前没见过照相机吗?这里要注意。"同样的,当 Mei 想斥责一些没有做作业的学生时,她向全班同学概括说明了这种不良行为:"如果你没有这么做,那肯定是出了大问题。有人给你提出一个问题,你必须去寻找解决方案。"在这两节课中,纪律话语通常是简短的,教室总是会很快恢复正常的氛围。同样有趣的是,在纪律话语之后经常会伴随关系建立话语。与纪律话语中高权力形成鲜明对比的是,关系建立话语会迅速恢复师生关系,减少紧张,缓解尴尬,使得课程得以继续。

许可话语发生在对学生要求的批准或拒绝过程中。通常情况下,教师对学生上厕所的请求,可以通过简单的点头或摇头、手势表达,用或不用语言都可以实现。由于许可话语凸显了教师与学生地位的不同,因此需要采用策略来维持和谐并缓解权威行为的影响,这些策略包括礼貌用语的使用,如"请",以及幽默,比如轻松的调侃。例如,如果要上厕所,Lee 会用玩笑的语气:"上厕所?这个问题确实很重要,那快去吧。"Lee 花了大约 10 秒(0.17%),Mei 花了近 40 秒(0.71%)。

时间核对话语具有调节功能,目的是在进入课程下一个阶段之前,提醒学生进行某一特定活动的剩余时间。有时这也成为老师的自我提醒,进入课程的下一阶段,直至课程结束。时间核对话语是用来调节课堂活动的,可以通过动作来实现,比如看表、看时钟,或者通过语言来实现,比如在学生作业期间,Lee 敦促他们:"现在我们还剩下 5 分钟。即使是错的,也不妨碍大家首先进行思考。"同样,Mei 在布置学生任务前宣布:"我给你三分钟。"在时间核对话语上,Lee 用了 47 秒(0.78%),Mei 只花费了 5 秒(0.09%)。

外部干扰话语指的是上课过程中可能发生的外部干扰。通常是计划外的,可能会以其他人敲门打断课堂的形式出现,也包括 Mei 上课时手机响、不小心撞到麦克风等事件。Mei 以一种冷静而自信的态度应对外部干扰,这或许与她多年的教师经历相符。上课时,她的手机突然响了,她以自嘲式幽默来应对这种尴尬。她讽刺地说："老师拿起手机，把声音关了。浪费了同学们三秒钟。时间消失了。"学生们笑了起来，这段插曲很快过去，Mei 继续上课。同样的，当 Mei 不小心撞到桌上的麦克风时，她很快承认自己的笨拙，说道："哎呀！撞麦克风了。"并马上进行了替换。她总结道："搞定。"并继续自己的课程。面对干扰，Lee 也会直接应对。当麦克风发出响亮的回音时，Lee 问了学生们一系列问题："发生了什么事？有回音吗？声音也太大了吧！"当一名学生暗示可能是录音的原因时，他提出反问："这不合逻辑，录音怎么会产生回声呢？"Lee 在外部干扰话语上花了 52 秒(0.86%)，而 Mei 花了不到 12 秒(0.21%)。

(四) 课程结束

　　课程总结话语主要是对课程关键学习要点的口头总结。从教学角度看，它可以帮助学生复述课文的主要内容。课程总结话语一般来说条理清晰，结构分明。例如，Mei 的课上通过提问的方式，引导学生回忆讨论要点，重复课程学习的关键点。学生们参与进来，集体反思讨论中的想法，并从中明确主要观点。她用适当的术语将学生的反馈重新写在黑板上，并以幽默的方式将大家的注意力吸引到她重新表述的反馈上，并说道："看看，我不是完全照抄你们的话哦。"引发了班级的笑声。课程总结话语也可以很精简，比如 Lee 简要总结课堂内容时说。"实际上我们今天已经充分讨论了这个问题，并从不同的角度着手，而现在你需要从中选出三个角度。"此时他并没有再向学生复述这些角度的具体内容。Lee 在课程总结话语上只花了 4 秒(0.07%)，而 Mei 花了 4 分钟(4.53%)，这也表明了课程总结话语在她课堂上的重要性。

　　作业发布话语是对学生作业及其后续的指令。虽然该话语均出现在两节课程中，但其具体要求，以及教师在反馈意见方面有所不同。Lee 在布置家庭作业方面显得有些敷衍，也没有表示要提供任何反馈，也许是为了给学生提供更多的自主权和独立性，也可能是因为在初级考试结束之前没有另外的正式课程。Lee 没有给出典型的发布作业指令，只是建议说："当你今天回家的时候，为什么不试着把其他的 AQ（应用问题）做一个表格，看看对你是否适用。"Lee 用了大约 9 秒(0.15%)的时间来讨论作业布置。

　　Mei 对学生的家庭作业给出了非常明确的指示，她花了近 46 秒(0.82%)的时间在发布作业话语上。她特别列出了自己的期望，并将它们与本课所学的内容联系起来。她解释说:"首先根据我们最后三分钟的讨论,试着写出 AQ(应用问题)的一部分,然后运用策略从文章中提取引用,给出你对作者观点的回应,最后提供自己的例子,并解释你的例子可以如何帮助你回答问题。这将变得更加糟糕,抑或不会?给出评价,并提供理由。按我们刚刚讨论过的这六个步骤来进行。"

Mei 还明确承诺,她将为学生们的作业提供反馈。她说:"只要你确实写了,我就会看。"尽管如此,她通过加入了条件句"只要你确实写了就行"来对作业较为严格的要求进行一定程度的缓和。鉴于这是最后一节课,这也为那些不想做作业的学生提供了回旋的余地。在这种情况下,Mei 在一个可能具有高度权威性的事件中,通过调节人际意义来行使权力。

下次课程安排话语是对后续班级的行政安排。由于所调查的两堂课是第二周预备考试开始前的最后一节课,在没有正式课程的情况下,这堂课的后一周被定义为学习休息。学生可以选择来学校,并安排与老师的个人咨询。因此,下次课程安排话语也包括两位老师愿意在学习休息期间承诺为学生提供帮助。例如,Lee 说道:"实际上老师整周都有空,如果你们需要帮助,可以来找我们。虽然这是我们预科考试前的最后一节课了,你们还是可以来找老师。"Lee 提醒学生们需要主动安排与他见面。同样的,Mei 也向学生们保证可以预约安排接待学生。她说:"我 12 号和 13 号不在,但周二和周五有空,我会在这里,只要大家需要我。如果大家要见我,一定要给我发短信。"两位老师花在下次课程安排话语的时间大致相同,Lee 用了 1 分钟左右(1.13%),Mei 则略多于 1 分钟(1.79%)。

五、课堂微体裁的视觉分析

识别课程中的多种微体裁能够进一步通过图形和视觉分析来展示不同教师与课程的频率和模式。它还能够提供课程中多模态教学话语的类型图,并为学生的学习经验提供见解。为了便于说明,我们将用图表、饼状图,以及可视化网络展示并讨论 Lee 和 Mei 两堂课的课程微体裁。数据可视化可以帮助教师反思他们的课程设计,以及如何更恰当地部署课程中的多模态教学话语。在本节中,我们将讨论与 Lee 和 Mei 课程相关的课程微体裁,并将其呈现在图 2.1 中。

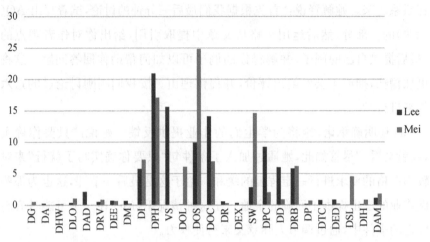

图 2.1 Lee 与 Mei 课程中课程微体裁的比较

图 2.2a—b 显示了每个教师课程中排名前五的课程微体裁。这些课微体裁的主导地位既反映了教师的教学倾向,也反映了学生在课堂上的学习经历。识别最常见的课程微体裁不仅可以鼓励教师思考自己的课程是如何设计的,还可以帮助他们确认课程是否按照自己的意图来执行。

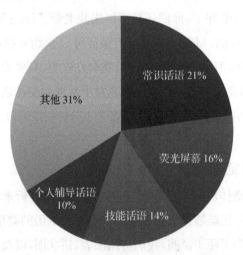

图 2.2a Lee 的课程中占比最多的五类课程微体裁

在 Lee 的课程中,常识话语占据总课程时间的五分之一以上,接下来是荧光屏幕和技能话语。常识话语、荧光屏幕和技能话语的主导地位,表明了 Lee 对学科内容知识的关注。花在个人辅导话语上的时间也表明其对技能实践和应用的关注,特别体现在学生任务期间与个别学生的对话上。与 Mei 的课程相

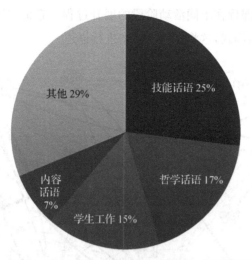

图 2.2b　Mei 的课程中占比最多的五类课程微体裁

比，Lee 在个人辅导话语上花费的时间明显更多，这可能是由于 Lee 在课上引入了新的知识，因此学生们对如何在学习任务应用新模板产生了疑问。

在 Mei 的课上，技能话语占据四分之一的时间。这表明在课程中对学科技能的关注。通过时间占比第二高的课程微体裁——哲学话语可以看出，她也十分关注批判性思维和学习反思。哲学话语在所有学科中都会受到重视，特别是在通识考试中。

Mei 也花费相当多的时间在学生作业上，这表明其对技能实践和应用的重视。她的指令话语也具有显著的特色，通过指令话语，我们就能观察到清晰的课程结构和课堂中不同活动的组织情况。

图 2.3a—b 中的课程微体裁图可以通过开源软件 Cytoscape 生成。Cytoscape 软件以由节点和有向边组成的网络图形式将数据可视化。由 Shannon 等人(2003)开发的 Cytoscape 是一个开源生物信息学软件平台，用于可视化分子相互作用网络，并将这些相互作用与基因表达谱和其他状态数据集成。然而，它的应用并不局限于科学学科。网络图也被用于社会科学领域，比如从教育学、社会学到政治学。例如，Bender-deMoll 和 McFarland(2006)探讨了动态网络可视化作为一种方法论工具的可行性，并提出了一个利用高中经济课堂的数据来可视化社会网络的框架。同样的，Butts 和 Cross(2009)使用网络图来可视化美国总统竞选期间博客全球模式的稳定性和变化，Dekker(2005)使用网络图来分析人与人之间的概念距离，用来指示组织内部的沟通本质。在此案例研究

中,网络图被用来展示课程在不同活动阶段的展开过程。它也被用来代表教师在教室中的定位和移动模式,这将在下一章中进行描述。

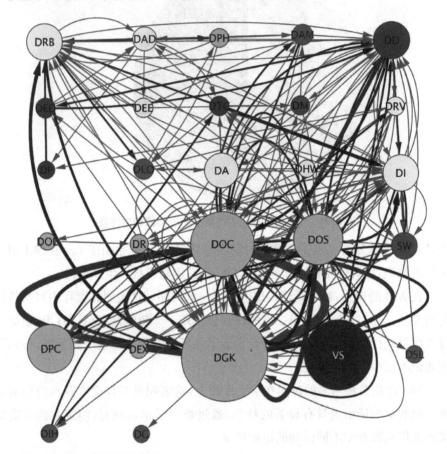

图 2.3a Lee 的课程微体裁

在这里,Cytoscape 用来可视化每节课中的课程微体裁,如下:

1. 课程微体裁的类别:不同类别的课程微体裁可以用不同的颜色来代表。(这在图 2.3a—b 中没有显示,因为在本书中图像是黑白的。)

2. 课程发展:课程微体裁依次展开,逐个呈现。第一个课程微体裁在第一行,从左往右,以此类推。同样的微体裁课程第二次出现时,以箭头表示,并回指其首现位置。

3. 出现频率:节点越大,该课程微体裁出现得越频繁。

4. 互联性:箭头代表课程微体裁之间的互联性。出现频率也可以用颜色表示。例如灰色:1 次出现;黑色:2~10 次;蓝色:11~19 次;红色:20 次或更多。

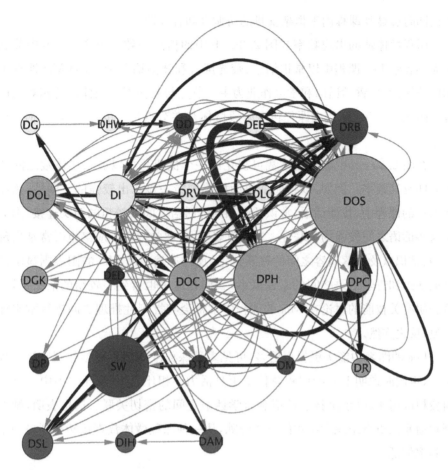

图 2.3b Mei 的课程微体裁

(这在图 2.3a—b 中没有显示,因为在本书中图像是黑白的。)

在课程进展阶段,课程微体裁的布局与其首次出现是一致的。如图 2.3a 所示,在全部 15 个课程微体裁中,Lee 课前开始阶段的微体裁显示在前三行,在其课程进展(绿色)阶段微体裁出现之前。技能话语是第 19 个出现的课程微体裁,有助于学科主体内容知识的传达。进入课程进展阶段较晚是因为 Lee 的课程有许多与课程进度无关的内容。此外,我们还观察到,通常属于课程结束阶段的微体裁,比如下次课程安排话语,却意外出现在了课程较早阶段。

Mei 的课程安排遵循一个结构化的进程,从课程开始,到课程进展,再到课程结束,中间不时穿插着课程转变。与 Lee 不同,Mei 在 5 个课程微体裁后迅速进入课程进展阶段,而技能话语作为第 10 个微体裁出现。次序呈现的连贯结构也同时彰显其课程内聚框架安排的协调性和合理性。

　　课程微体裁的出现频率与图2.2a—b中的信息一致。图2.3a—b中节点的大小表示Lee课程中以常识话语、荧光屏幕和技能话语为主，而Mei课程中则以技能话语、哲学话语和学生作业为主。节点与其他课程微体裁的相对比例也见图2.2a—b。从代表课程转变阶段微体裁在节点尺寸的表现来看，Mei要小于Lee。

　　在图2.3a—b中课程微体裁可视化的一个优势是可以展示微体裁之间的关联性及其频率。例如，以技能话语为始终的箭头显示出较强的关联性，比如在Lee的课程中，技能话语、常识话语和内容话语之间由较粗的箭头连接，彰显出这些话语之间较强的关联性。这也就表明：在课堂教学中应该也会常常出现技巧、常识以及段落内容之间的跳跃讨论，反之亦然。而Mei的图表则显示出技能话语和哲学话语之间的紧密联系，我们在这里也看到了较粗的箭头标识，这表明有关技能的讨论在Mei的课程中常常会与批判性推理之间进行常规性过渡，反之亦然。

　　Lee的图表中箭头更粗也更多，可见多种课程微体裁积极参与到对接过程中，这也同时说明Lee的课程总体上更具活力。相比之下，Mei的图中只有一对较粗的箭头，显示出技能话语和哲学话语之间的密切关联。这也表明，她的课程通常以更有组织和结构的方式铺陈，从一种课程微体裁直接转换到另一个的频率较低。

　　图2.3a—b中的可视化处理帮助我们更加深入了解不同的课程微体裁，以方便我们进一步挖掘、设计深度学习体验，例如我们现在可以研究任何一种课程微体裁并深入探索其与其他课程微体裁之间的联系。

六、利用课程微体裁设计学习内容

　　在本章中，我们认为在课堂中识别多模态语篇的不同类型和性质，可以帮助教师反思学生的学习体验，并预测课程能否按预期实施。Lim和Tan（已提交出版）进一步描述了如何使用课程微体裁来分析英语课堂中多模态教学语篇的方法。课程微体裁的识别和可视化为教师提供了一面镜子，鼓励教师更多关注特定的创造意义的互动，并试图将学生的学习体验设计得恰当而流畅。

　　虽然每个课程微体裁都有明确的交流目的，但其分类有时也是模糊的。例如,常识话语和学科知识话语微体裁的区别在于:后者针对的是文章内容,而前者指的是常识和时事。课程微体裁也可以定位于课程类型的两个活动阶段。例如,动机话语微体裁既可以作为课程开始的一部分,如果它发生在课程进展阶段,也可以被视为课程转变。同样的,指令话语微体裁既可以发生在课程开始阶段,也可以发生在课程进展阶段,因为教师在课堂上常常从一个活动转移到另一个活动。

也许课程微体裁的分类无需成为一门精确的科学,因为多模态教学话语可以在一个实例中表达不止一个微体裁。对教师来说,更重要的是认识和鉴别课程中产生意义的互动范围,并以此来理解、反思自己的课程,为学生设计各种学习体验。这就需要教师意识到各种符号模式的功能,以及它们在表达特定含义时的恰当性和有效性。对教育研究者来说,识别课程微体裁建立在时间和多模态的意义创造之上,为课程分析提供了基础,虽然目前仍以语言表达为核心,但已然可以在跨符号模式的课堂中帮助我们认识并促成有意义的互动和沟通,而这一切早已不仅仅停留在"说"本身上。

思考题

1. 教师在课堂上不用语言表达意义的方式有哪些?
2. 在你的课程中,课程微体裁的意识如何帮助你更加意识到你在教授什么和如何教授?

参考文献

Bender-deMoll, S. & McFarland, D. (2006). The art and science of dynamic network visualization. *Journal of Social Structure* 7(2). Retrieved from www.cmu.edu/joss/content/articles/volume7/deMollMcFarland/

Bernstein, B. (1990). *Class, Codes and Control: Volume IV. The structuring of Pedagogic Discourse*. London & New York: Routledge.

Bernstein, B. (2000). *Pedagogy, Symbolic Control and Identity: Theory, Research, Critique*. Lanham, Maryland: Rowman and Littlefield Publishers.

Bourne, J. & Jewitt, C. (2003). Orchestrating debate: A multimodal approach to the study of the teaching of higher-order literacy skills. *Reading* (UKRA) 37(2), 64–72.

Butts, C. T. & Cross, B. R. (2009). Change and external events in computer-mediated citation networks: English language weblogs and the 2004 U. S. electoral cycle. *Journal of Social Structure* 10(3). Retrieved from www. cmu. edu/joss/content/articles/volume10/Butts/blogties. 1. 0. pdf

Christie, F. (1993). Curriculum genres: Planning for effective teaching. In B. Cope & M. Kalantzis (eds), *The power of Literacy: A Genre Approach to Teaching Writing* (154–178). Pittsburgh University of Pittsburgh Press.

Christie, F. (1997). Curriculum macrogenres as forms of initiation into a culture. In F. Christie & J. R. Martin (eds), *Genre and Institutions: Social Processes in the Workplace and School* (134–160). London: Cassell.

Christie, F. (2002). *Classroom Discourse Analysis: A Functional Perspective*. London & New York: Continuum.

Daniels, H. (2001). *Vygotsky and Pedagogy*. London: RoutledgeFalmer.

Dekker, A. (2005). Conceptual distance in social network analysis. *Journal of Social Structure* 6(3). Retrieved from www. cmu. edu/joss/content/articles/volume6/dekker/

Englund, T. (1997). Towards a dynamic analysis of the content of schooling: Narrow and broad didactics in Sweden. *Journal of Curriculum Studies* 29 (3), 267–287.

Flewitt, R. (2006). Using video to investigate preschool classroom interaction: Education research assumptions and methodological practices. *Visual Communication* 5, 25–50.

Kress, G. (2003). *Literacy in the new Media Age*. London & New York: Routledge.

Kress, G. (2010). *Multimodality: A Social Semiotic Approach to Contemporary Communication*. London & New York: Routledge.

Kress,G. & van Leeuwen,T. (2001). *Multimodal Discourse: The Modes and Media of Contemporary Communication*. London: Edward Arnold.

Kress,G. , Jewitt,C. , Bourne,J. ,Franks,A. , Hardcastle,J. , Jones, K. ,& Reid,E. (2005). *English in Urban Classrooms: A Multimodal Perspective on Teaching and Learning*. London,UK: RoutledgeFalmer.

Lawn,M. (1999). Designing teaching: The classroom as a technology. In I. Grosvenor,M. ,Lawn, & K. Rousmaniere(eds), *Silences and Images: The Social History of the Classroom* (65 – 82). New York: Peter Lang.

Lemke, J. L. (1990). Talking Science, Language, Learning, and Values. Norwood, NJ: Ablex Publishing.

Lim,F. V. (2011). *A Systemic Functional Multimodal Discourse Analysis Approach to Pedagogic Discourse*. Doctoral thesis. National University of Singapore.

Lim,F. V. & Tan,J. M. (submitted for publication). Lesson Microgenres: An Approach to Multimodal Classroom Discourse.

Mercer,N. (2000). *Words and Minds: How We Use Language to Think Together*. London & New York: Routledge.

Norris,S. (2004). *Analysing Multimodal Interaction: A Methodical Framework*. London & New York: Routledge.

O'Halloran,K. L. (1996). *The Discourse of Secondary School Mathematics*. (unpublished doctoral dissertation.) Murdoch University, Australia.

O'Halloran,K. L. (2004). Discourse in secondary school Mathematics classrooms according to social class and gender. In J. A. Foley(ed.), *Language, Education and Discourse: Functional Approaches* (191 – 225). London & New York: Continuum.

O'Halloran,K. L. (2007b). Systemic functional multimodal discourse analysis (SF-MDA) approach to Mathematics, grammar and literacy. In A. McCabe, M. O'Donnell, & R. Whittaker(eds), *Advances in Language and Education* (75 – 100). London & New York: Continuum.

O'Toole, M. (1994/2010). *The Language of Displayed Art* (2nd edition). London & New York: Routledge(1st edition 1994).

Seaborne, M. & Lowe, R. (1977). *The English School: Its Architecture and Organisation Vol II* 1870 – 1970. London: Routlegde & Kegan Paul.

Shannon, P., Markiel, A., Ozier, O., Baliga, N. S., Wang, J. T., Ramage, D., Amin, N., Schwikowski, B., & Ideker, T. (2003). Cytoscape: A software environment for integrated models of biomolecular interaction networks. *Genome Research Nov* 13(11), 2498 – 2504.

Sinclair, J. & Coulthard, M. (1975). *Towards an Analysis of Discourse: The English Used by Teachers and Pupils*. London: Oxford University Press.

Walsh, S. (2006). *Investigating Classroom Discourse*. London & New York: Routledge.

Walsh, S. (2011). *Exploring Classroom Discourse: Language in Action*. London & New York: Routledge.

第三章
空间教学法

一、空间符号学

  Keating 先生是一位模范教师。他激发了学生们对学习的热爱,他的课堂表现令人着迷。Keating 老师对具身符号模式的编排透露出其深思熟虑的设计,以此吸引学生并激发他们对诗歌学习的兴趣。在一节令人难忘的课程中,Keating 老师通过语言、空间位置和活动等符号模式令人信服地传达了自身的论点。除了语言表达之外,他清晰的论点结构通过课堂空间和动作的使用得到了加强。

  Keating 老师站在教室前排中间,陈述他的主要观点,他说:"不论何人跟你们说了什么,请相信语言和思想能够改变世界。"然后,他向学生们迈出了一步,并断言,"我看到 Pitt 先生眼中的神情,就像十九世纪的文学与去商学院或者医学院没有任何关系,对吧?"Keating 老师通过退一步回到教室的最前面表达了对这一点的讽刺,他承认:"Hopkins 先生,你可能同意他的想法,心想:'是的,我们应该仅仅向 Pritchard 先生学习,学习我们的韵律和格律,然后不声不响地去从事其他那些能够实现雄心壮志的事业。'"

  然后,Keating 老师继续推进他的观点,慢慢地走向学生,站在教室的中间。他蹲了下来——这种动作显然是老师不同寻常的符号选择,在所有学生的注意力都被他吸引之时,他给出"致命一击",直接和盘托出其主要观点:

我们不因为追求可爱而去读诗或者写诗。我们读诗和写诗是因为我们是人类。人类充满激情。医学、法律、商业、工程，这些是高尚的追求，是维持生命所必需的。但诗歌、美、浪漫、爱情，这些则是我们生活的意义。

Keating 老师这一系列的课堂表现毫无疑问是戏剧性的，但这并不奇怪，因为他正是 Robin Williams 在 1989 年 Peter Weir 导演拍摄的广受好评的电影《死亡诗社》中扮演的角色。Keating 老师巧妙地协调了语言、空间和动作等符号模式的使用，在教室里表达了他的信息，这就是为什么他的课堂表演吸引了当时的观众，并在今天继续被热议的原因。

在《日常生活中的自我呈现》这本影响深远的书中，社会学家 Erving Goffman 首次描述了人类交流和互动的戏剧性和表演性。Goffman(1959)将表演的隐喻扩展到社会演员在生活各个领域扮演的角色。他开创了一种通过戏剧分析来研究自我呈现的方法。在课堂上，教师的角色是根据他和学生之间的教学关系来定义的。老师被期望扮演多重角色，尤其如本书中所讨论的，教师应是学生学习的设计者。正如戏剧表演者通过符号模式有意义的编排来建构意义，教师的每一个动作都可以被学生观察到，并作为课堂学习体验的一部分有意或无意地传达意义。

Lim(2010)文章中的 Keating 老师所展示的多模态教学，可能是精心制作并由导演来指导、排练和上演的，但是这些课堂展现与典型的教师活动并无二致。教学是一种表演。老师像任何一个舞台上的演员一样扮演着一个角色，不仅仅通过语言来交流。在为学生设计学习体验时，教师利用各种符号资源来表达不同的话语，并协调多模态组合，以加强课堂关键信息的交流。为了揭示课堂中如何运用具身符号，比如空间和活动来表达特定意义，我们邀请教师反思其教学方法，并在设计学生的学习体验时采用更恰当的方法去使用这些意义建构资源。

因此，也许我们应该反过来问一问："老师在教室里的位置重要吗？她从一个地方移动到另一个地方以及在教室中走动的方式能否成为学生学习体验设计的一部分？"在本章中，我们将描述教室空间的类型，并讨论教师在教室中使用空间和移动所产生的意义，接着探讨 Lim、O'Halloran、Podlasov(2012) 和 Lim(2011)描述的"空间教学法"概念，以说明空间和运动的符号学，并以 Lee 和

Mei 为例,也就是前面第二章介绍的通识课程的两位老师。最后,我们通过调查近年来世界各地的相关研究项目,探讨"空间教学法"概念的产生以及教育研究人员的课堂空间类型。

二、基于空间的教学

人类学家 Edward Hall 开创了空间研究的先河,并发展了空间关系学的概念。他的著作《隐藏的维度》中描述了距离集假设。在这本书中,Hall(1966)定义了四种空间——公共空间、社会协商空间、个人临时空间和私人空间。这是基于此类互动发生的典型距离,以及另一方经历的可见性和接触程度来划分的(见图 3.1)。在课堂环境中,大多数交流都会发生在社会协商空间内,有些情况下发生在个人临时空间,例如个人辅导话语这种微体裁类型即是如此。

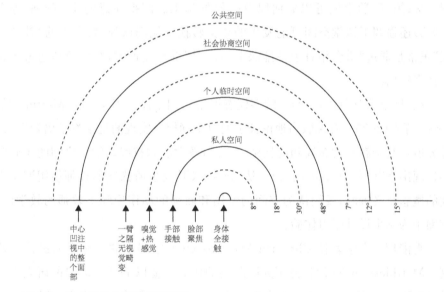

图 3.1 Hall(1966)的距离集理论
见 Matthiessen(2009:27)

社会协商空间是大多数课程微体裁发生之处。在此阶段,教师的专业角色是由与学生有关的、正式的社会文化行为规范制定和定义的。根据不同类型的课程微体裁和课堂社会协商空间中表达的意义范围,可以对社会协商空间中的各种空间进行更精细的识别和描绘。这就使我们能够讨论社会协商空间中不同空间在概念意义、人际意义和文本意义上的差异。

如第一章所述,本书采用了社会符号学视角(Halliday,1978;Kress,2010)来研究教与学。特别是我们将立足系统功能多模态语篇分析,来洞悉教师在符号选择过程中想要传达的意义。符号模式中的意义潜势是根据他们所具备的三种元功能来组织的:概念功能是关于世界的思想和经验的表达,人际功能是社会关系的协商和设定,语篇功能是将意义组织成连贯的语篇和单位。

在空间符号学的研究中,悉尼科技大学的研究人 Maree Stenglin 探索了博物馆、公园、公共图书馆以及私人住宅等空间的元功能意义(例如 Martin & Stenglin,2007;Stenglin,2009a,2009b,2011;Djonov 等,2018)。在教育学背景下,Gunther Kress 和他的同事在研究英国英语课堂空间中的意义时,绘制了空间符号学研究的图表。Kress 等人(2005)提出,课堂空间中的概念意义是通过三个因素的相互作用来实现的:第一,教师的移动;第二,教师活动时的空间意义;第三,学生们可以如何以及往何处移动。值得注意的是,Kress 等人(2005)还强调了课堂空间可能发生的意义转换。他们认为,教室中的"教学空间"正常是通过"讲台相对于各排课桌的位置"重新配置的,并由教师通过步调变换来输出。

在《城市课堂英语:教与学的多模态视角》一书的评论中,Peter Martin 称赞 Kress 等人(2005)"有说服力地论证了通过不同模态实现的复杂教学语篇"。他补充道:"基于教室的布局和视觉显示,参与教学法和权威教学法之间的矛盾就会显现出来"(Martin,2010:92)。从 Kress 及其同事所描述的教师使用课堂空间的概念意义推断,我们认为空间的使用和教师的动作诠释了教师的教学法,有助于为学生设计学习体验。

香港理工大学教授 Christian Matthiessen 对空间中的人际意义进行了研究。Matthiessen(2009)讨论了人际距离的概念。他以 Hall(1966)的研究为基础,像 Stenglin(2008)一样,认为物质距离是符号距离的一种实现。Matthiessen(2009:27)解释说,距离中的人际意义是由视觉接触和听觉接触决定的。他认为:

> 这种关系的基调越"亲密",沟通渠道的带宽就越宽——比如亲密地面对面交谈,因此可以表达的人际意义范围越大,因为脸是表达人际意义的关键资源。

(Mathiessen,2009:27)

教师在课堂上的面部表情是表达意义的另一种方式。虽然本书并未探讨面部表情作为一种符号学模式的启示作用,但教师在课堂中不同空间的定位可以提供一系列人际意义的认识,将指导我们对教师空间教学法的讨论和理解。

剑桥大学教授 Adam Kendon 已经暗示了空间中的文本意义,Kendon(2010)解释说:物理空间允许人们根据其互动的本质组织自己的空间。他观察到,"环境结构在一定程度上限制了可能发生聚集的形成结构类型"。因此,"环境的构建和互动的构建之间的相互关系"是一个非常复杂和迷人的问题(Kendon,2010:14)。在教室的语境中,空间的文本意义受到教室内教具布局的影响和塑造,反过来又受到师生互动本质的影响。

三、教室里的空间

教师通过在教室中的定位和运动来利用空间,以表达其"空间教学法"。教室里的空间是通过持续的协商而不断被重新配置的:(1) 静态:教师出现在特定地点的固定位置;(2) 动态:教师移动和踱步。教师在课堂中的位置对于话语表达也很重要。教室中的不同空间由于发生在该空间教学话语的典型的符号选择和配置,需要被赋予特定的意义表达。除此之外,教师相对于学生、其他教具,以及教学资源,比如白板和屏幕的距离和位置,也是同理。在本节中,根据Lim、O'Halloran 和 Podlasov(2012)的理论,我们描述了四种不同类型的教室空间,它们对应于 Hall 的社会协商空间,分别是:(1) 权威空间;(2) 监督空间;(3) 互动空间;(4) 个人空间。

(一) 权威空间

教室中的权威空间通常被定义为教室前方的中心区域。在这个空间里,教师可以将教室中学生的总体情况尽收眼底,学生也可以正面看清教师。教室前面的中心区域就是白板前方区域,通常是教师讲课的位置。占据这个位置,即使什么也不说,也已经传达出了形式、结构和权力的意义,伴随而来的还有强烈的等级立场,反映出教师的权威和对学生的控制。教室里的另一个权威空间是讲台的周边区域,尤其是桌子前方空间。教师往往占据此空间向学生发出指令或者进行教学。

教室里的权威空间赋予教师相对于学生的绝对权威和权力。当教师经常在学生做作业期间或中断后返回该空间继续教学或给予进一步指导时,我们就可以明确观察到权威空间的语义内容,语言的使用常常会加强权威话语,加重其语义内容中的权力意味。即使在关系建立话语的课堂微体裁中,教师有时也会参与到课堂无恶意的玩笑当中以显示其友好性和亲和力,此时如果正处在权威空间,这表明教师还是权威,而不是同辈。

根据 Matthiessen(2009)对距离集的讨论,权威空间位于社会协商空间的边界位置,因为它不论在物质上,还是在符号上都离学生最远。就人际关系而言,教师只有处于权威空间时才能构成教师与学生之间的正式基调。

(二) 监督空间

监督空间指的是教师在传统教室布局中的成排课桌之间踱步的地方,或者是她在学生课桌之间走动之处。监督空间也可以位于教室的边界,如左右两侧,在学生作业的课堂微体裁中,教师占据该空间的目的是观察学生执行任务。学生们可以进行独立作业、结对作业或小组合作讨论。教师在这些空间中移动或者止步,都表达出控制和监督的意义。这些意义多通过移动或止步这样的多模态表达,而往往不使用语言。

Gunther Kress 和他的同事在对英国英语课堂的研究中也观察到了教师在监督空间中行使权力以及占据支配地位的情况。例如,Kress 和他的同事用"巡逻"这个词来描述老师在监考学生时缓慢而谨慎的动作(Kress 等,2005)。通过在监督空间中的移动和定位,教师表达并强化了学校教育的制度权威。在此过程中,教师扮演督导角色,期待并确保学生完成所设定的任务。

教室后方、位于学生课桌后面的教室空间有专门的术语来对应。作为督导空间的一部分,当教师为了监察学生而占用该区域时,该区域被称为监察空间。这不同于其他监督空间,因为其他地方老师都可以被学生们看见。当老师走近时,学生们可以看到,因此表现得更加警惕,并(假装)更加"专注于任务";而当老师走开时,学生们则可以享受片刻的休息。然而,当教师占据监察空间时,学生就很难看到,除非学生故意回头看老师,但此类动作过于明显,可能会引起不必要的注意,因此教师实际上是"不可见"的。学生们知道他们正在被监察,但不知道他们到底什么时候被监察,或者不被监察。

当教师占据监察空间时,出现了高度的权力不对称,此时调节、权威和监控的含义通常无需通过语言表达。监察空间的运作基本上就像一个环形监狱,即由英国哲学家 Jeremy Bentham 在十八世纪为监狱设计的机构控制系统。著名的法国哲学家和社会批评家 Michel Foucault 扩展了环形监狱(希腊语中意思是"一切都在看")的概念,以描述我们在当代日常生活中所经历的无形的监视。Foucault 在其经典著作《纪律与惩罚:监狱的诞生》中解释说:"环形监狱的主要作用是在囚犯身上诱发出一种有意识的、永久的可见性状态,以确保权力的自动运行。"(Foucault 1977,1995:195)这一比喻在本书中扩展到了学校教育制度,教师占据教室后方使他能够行使制度权力,并从有利的位置监察学生。根据 Foucault 提出的由教师来确保"权力的自动运行",这便在学生中产生出一种意识,意识到自己对教师的永久可见性。

(三) 互动空间

互动空间是指教师位于一个或一群学生旁边的空间。虽然教师可能实际上位于成排的课桌之间,但由于离学生很近,这就使其能够为学生的课业提供辅导。教师通常在个人辅导话语这种课堂微体裁中占据互动空间,此时学生处于工作状态,无论是单独的、成对的还是小组协作。

互动空间位于社会协商空间内,但与个人空间相邻。在保持专业距离的同时,教师靠近学生表达了友好性和亲和力的人际意义。这与 Matthiessen(2009)的观点一致,即物质距离表达符号距离。在这种情况下,师生之间的距离亲密在一定程度上表达了他们之间的关系亲密。

人际意义表达的低基调既可以通过教师在空间中的定位来表达,也可以通过师生之间的语言互动来强化。语言互动可以为学生提供指导,澄清指令,师生之间偶尔开玩笑甚至可以帮助建立双方的融洽关系。根据师生互动的本质,以及教师的位置和动作,教室中的不同空间可能具备不同的、有时甚至是相反的意义。

(四) 个人空间

虽然讲台前方区域被描述为权威空间,但讲台后方区域则被描述为教师的个人空间。在个人空间中,老师通常会整理材料,为下一阶段的课程做准备。在给学生布置任务后,教师有时会退到这一区域。当教师占据个人空间时,通常不会与学生互动。在意义表达方面,学生似乎尊重并认识到:当教师占据个人空间时,他们和教师之间就有了一道假想的墙。因此,除非有必要,他们通常不会与老师接触,而是直接完成指定任务。

如前所述,教室的空间可以通过互动的本质、教具和设备的编排来进行改变。比如，当教师开始在讲台后方教学时，该空间也可以转换成为权威空间。这种转变的发生通常是因为教师需要使用放置在讲台上的设备，如笔记本电脑或其他可视化设备。在这种情况下，教师必须站在或坐在讲台后，并进行授课。这时候，讲台就成为摆放教师教科书或笔记的地方。

与所有权威空间一样，当教师占据讲台后方区域进行教学时，就实现了高权力。讲台也成为分隔教师和学生的物理屏障。这种物质上的距离有助于强调师生之间的符号距离，并加强教师作为专家的权威——一个走上讲台并在讲台后方发言的权威人物。

本节描述了教室空间的类型，并讨论了教师占用这些空间时表达的相关含义。尽管如此，值得提醒的是，除了这些空间的常规用法外，课堂物理空间的含义还会受到师生互动性质的影响，比如教师的话语类型以及课堂的整体布局，教具和设备的空间组织。因此，教室中相同的物理区域可能会被赋予新的含义，而并不总是具有一致的单一功能。教室中的不同空间可以被定义，也可以根据教学互动和课堂活动被不断重新定义。然而，我们认为课堂空间始终是有意义的，把教师在这些空间中的定位和移动看作是符号模式的一种，由此来设计学生的学习体验，将会大有裨益。

四、两位教师的空间教学法研究

在本节中，我们将使用案例研究中的数据（如第二章所述）来说明如何对 Lee 和 Mei 这两位教师的空间教学法进行编码、可视化、分析和解释。两位教师的位置和移动是根据教室区域的空间描述以及前面章节讨论的教室空间类型绘制的。基于对 Lee 和 Mei 在空间使用选择的分析，我们旨在阐明教师在课堂空间中的动作和定位是如何成为一种符号模式，并有助于为学生设计学习体验的。

（一）编码和可视化

我们每隔一秒对 Lee 和 Mei 对教室空间的使用进行编码。1 秒的间隔编码时间框架允许我们对通过教师在课堂中的位置和动作表达的含义进行细粒度分析。使用 Microsoft Office 中的 Excel 电子表格对数据进行编码，在透视图上以图形的形式显示数据。Lee 和 Mei 使用特定教室空间的频率如图 3.2 所示，以供进一步分析和讨论。

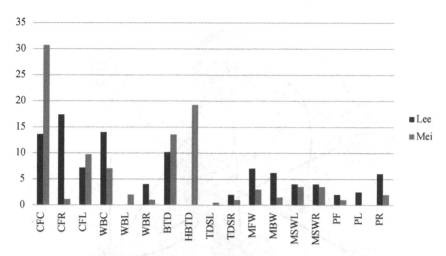

图 3.2 Lee 与 Mei 的课程中位置与移动的比较
见 Lim、O'Halloran 和 Podlasov（2012:241）

如第二章所述，软件 Cytoscape 也用于可视化数据。与课程微体裁的可视化方式相同，两位教师通过他们的定位和移动来使用空间，因此我们将使用网络图对其进行可视化展现。两位教师使用教室空间的可视化基于以下维度：

1. 静态或动态运动：静态位置表示为圆形，运动和步调表示为矩形。
2. 与教室中的特定区域相对应：根据教室布局定位节点。
3. 发生频率：节点越大，选择空间的频率越高。
4. 从一个空间到另一个空间的运动方向性：箭头表示运动的方向性，箭头的大小和色调表示相同方向运动的频率。

Lee 和 Mei 通过他们的位置和移动来使用空间，如图 3.3a—b。在下一节中，我们将根据网络图中的一些观察，考虑可视化是如何展现教师们通过对不同教室空间的使用来表达其空间教学法的。

(二) 教师的位置分析

两堂课使用的教室相同，因此教室的布局一致。然而，展示 Lee 和 Mei 空间教学法的两个网络图却揭示了他们在课堂空间使用方面的有趣差异。图 3.3a—b 表明两位教师大部分时间都处在教室前方，换句话说，就是在权威空间内。他们在监督和互动空间中花费的时间较少，图中对应较小的紫色方格。

Lee 和 Mei 大部分时间都待在教室的权威空间里。如前一节所述，最常见

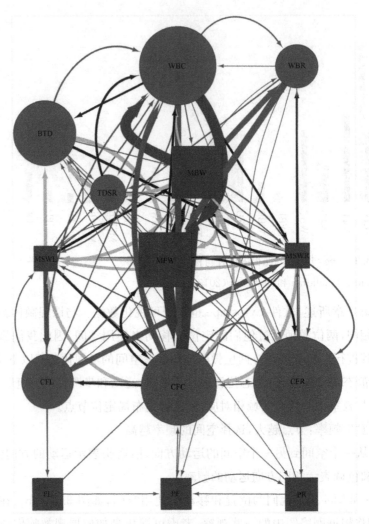

图 3.3a　Lee 的位置与移动的可视图
见 Lim、O'Halloran 和 Podlasov（2012：242）

的权威空间之一就是教室的前方中心位置。教师在教学时往往占据此空间。教室前方中心（CFC）的使用表达了权力和权威的意义，当教师占据这个空间时，所发生的话语类型通常会加强这一点。Mei 在 CFC 中花费相当长的一段时间，约占总课时的 30%，而 Lee 在 CFC 上的时间则仅占 13%。

　　Lee 和 Mei 也倾向于稍微偏离中心区域。这是他们试图缓和高基调，暂时压制其对学生公开行使的权威。虽然教室左前方（CFL）和教室右前方（CFR）也可以被描述为权威空间，因为它们位于教室前面，也可以纵观学生整体，但其使用通常显示出较低基调,因此权力也因为这些空间的外部位置随之减弱。Mei 有占据 CFL 的倾向,而 Lee 在 CFL 和 CFR 上都花费了大量时间。事实上,Lee 在 18% 的课时中占据 CFR,这一数据高于他在 CFC 的时间。总的来说,与 Mei 更经常地使用 CFC 相比,Lee 被观察到花费更多的时间在教室偏离中心的前部区域。

Lee 和 Mei 都经常占据讲台周围的区域,这并不奇怪,因为教师对空间的使用往往由教具的分布和设备的可接近性来决定。例如,伦敦大学教育学院教授 Carey Jewitt 观察到在使用互动白板的课堂上,教师需要限制互动白板周围区域的空间使用(Jewitt,2011)。类似的,在 Lee 和 Mei 的课程中,访问设备,比如教师的笔记本电脑和可视化设备,往往会将他们对空间的使用限制在讲台周围的区域。

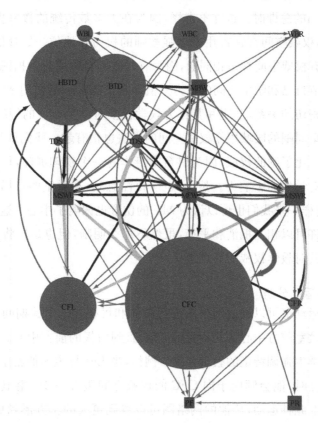

图 3.3b　Mei 的位置与移动的可视图
见 Lim、O'Halloran 和 Podlasov(2012:242)

Lee 将总课时的 11% 花在讲台后方（BTD）。他通常会占用此空间操作笔记本电脑，以便播放视频和控制 PowerPoint 演示文稿。Mei 则经常把讲台周围的区域转变为权威空间，她花在 BTD 的时间占总课时的 13%，另外 19% 的时间则待在讲台后方一半的位置（HBTD）。虽然 BTD 和 HBTD 通常隶属课堂中的个人空间，但 Mei 通过话语重新定义了课堂空间中的意义，使用讲台上可视化设备可能会限制她使用 BTD 和 HBTD。然而，即使她在不使用可视化设备的时候，仍继续占据 BTD 和 HBTD，并在讲台位置进行教学。此外，与 Lee 不同的是，Mei 有时也会占用讲台的侧方空间，在那里授课。她总课时 4% 的时间花费在了讲台的左右两侧。Mei 将教师办公桌周围的区域转变为权威空间，这表明她倾向于更正式地与学生建立关系，并与学生保持专业距离。

　　总的来说，两位老师都花费大量时间在权威空间，Lee 花了 86% 的总课时，Mei 花了 96% 的总课时。这并不奇怪，因为在大多数传统的教室里，教学大多是阐发式的，权威空间常常被用来增强教师的权力和地位。尽管如此，应当认识到并非所有权威空间都是相同的，因为有时教师可以通过占据偏离中心的权威空间来调节自己和学生之间的权力差值。这正是 Lee 的惯用做法，他试图与学生建立更密切的关系，并缓和其作为教学权威对学生行使的等级权力。Mei 将教师办公桌周围的区域用作权威空间的做法也很有趣。我们认为，在讲台后方进行教学强化了她的权威，因为讲台本身作为一个物理屏障，可以表达她作为教学权威对学生的影响力。然而，也应该注意到，在教室的布局中讲台位于教室左侧，这样一来我们也可以认为 Mei 的位置也偏离了中心。这两组看似对立的意义或许可以相互抵消和平衡，虽然不那么明晰，但也足以将 Mei 的空间教学解释为其对教学权威的有意遵从。

（三）教师的运动分析

　　教师的运动也可以通过网络图进行编码和可视化。上课期间，Lee 和 Mei 都倾向于从教室前方中心（CFC）前后移动，直到白板的前方中心。这一运动经常被用来向学生强调特定的教学要点。例如，当 Lee 想表达他希望学生注意的重要教学要点时，他会倾向于向 CFC 的权威空间迈进一步。相比于 Mei，Lee 更频繁地采取此种运动，从他的网络图可以看到更大的正方形和更粗的箭头，即为证明。

　　Mei 的动作比 Lee 少。她倾向于将自己放置于一个空间中，并且在上课时没有过多动作。从 Mei 的网络图中可以明显看出这一点,图中箭头较少,表示移动频率较低。相比之下,Lee 的网络图显示的箭头更粗、更多。高密度的箭头表明 Lee 在上课时几乎一直处于活动中。他在教学时前后移动,从一个空间移动到另一个空间。Lee 花了 21% 的时间在活动上,而 Mei 只花了 10% 的时间从一个空间移动到另一个空间。也可以说,Lee 所表达的空间教学法具备高度动态性。

两位老师在课堂上都占据监督空间,这从他们在教室左右两侧的步调中可见一二。Lee 在监督空间"巡逻"的时间约占总上课时间的 8%,而 Mei 在监督空间"巡逻"的时间约占总上课时间的 4%。监督空间通常更强调教师的权力和权威,因为教师可以实时监督学生完成任务的情况。即使 Lee 在权威空间教学,他也会在教室里的监督空间来回踱步,这与他表现出的高频运动相一致。教师大量的动作会给学生的学习体验注入能量和动力,但也存在风险:如果该动作与其他符号模式不协调,会有可能分散学生对其他符号模式意义的注意力。例如,学生可能会被频繁的动作所淹没,而忽略了老师所说的话。

(四) 教师的空间教学法讨论

从分析中可以看出,Lee 占据权威空间时更倾向于站在中心之外。他还经常在教室里走动,既在教室前方的权威空间踱步,也在教室的监督空间两侧"巡逻"。尽管 Lee 选择不像 Mei 一样经常站在教室前方中心,在使用监督空间时还是会表现出一种高度的权力感和控制感,不过他的做法的确有助于缓和这种感觉。

Mei 倾向于占据权威空间,并在教室前方中心和讲台周围的区域多花时间。通过这一点可以看出,Mei 对学生行使了高权力,将自己定位为教学权威。课堂活动有限,上课时处于权威空间且动作发生较少,Mei 的空间教学法整体传达出一种形式感和专业礼仪感。

通过定位和移动使用教室空间仅仅是教师进行多模态编排的符号模式之一。虽然两位教师的空间教学法都表达出课堂中权力和控制的意义,但探索其如何与其他符号学模式(如语言和手势)结合使用是有益的。这些意义是汇聚并强化教师想要传达的信息,又或者发生分歧,在其教学法的表达中产生一层额外的意义?这些都是我们将在本书第六章讨论的问题。

五、空间教学法的应用

空间教学法的概念和课堂空间的分类法已经在一系列情境中被应用并扩展到学者有关学习空间的研究中,本节中我们将介绍一些最近的研究,作为回顾本章中讨论的概念用途的一种方式。

在希腊的小学中,Eleni Gana 和她的同事采用多模态分析方法研究数学课堂教室空间的语义潜势(Gana, Stathopoulou & Chaviaris, 2015)。Gana 等人(2015)采用社会符号学视角,分析了两节小学数学课,即每堂一小时的录像课。他们应用教室空间的分类法,根据教师的位置、动作、语言和凝视,以一分钟的间隔对课堂视频进行编码。他们的研究结果表明,教师对空间的使用是一种"物质力量",从属于并直接反映教师所采用的教学法。Gana 等人(2015)还观察到,两个班级的教师都重塑了教室的空间陈设,因此重新定义教室空间的语义,以表达特定的教学话语。从这一点看来,他们肯定了教师对课堂空间的使用是其教学法不可分割的一部分这个观点。

在西班牙的大学里,Teresa Morell 在一次讲座中应用课堂空间分类法来研究英语授课的教师所采用的空间教学法。对于课堂教学活动的每个阶段,Morell(2018)将课堂设置与师生位置以及教师注视的方向进行一一映射。她由此分析了教学实践者是如何通过定位来利用教室空间的。她发现,教师的语言、凝视、手势和空间使用能够帮助他从文本角度组织学生,并从人际角度引导学生输出概念意义。Morell(2018)的研究结果与 Lim 等人(2012)的观点一致,即教师在课堂中的位置和活动是教学过程不可分割的一部分。

在欧洲,James Furlong 对曼彻斯特和哥本哈根的教室进行了比较。他运用教室空间分类法来观察这些空间的使用对教师教学法的影响(Furlong, 2015)。他注意到,教师似乎在标准教室里灵活运用与环境不一致的教学法,而在开放式环境中则进行监督和控制。这与所有符号模式与教室空间的使用是一体的观点相符合,作为学生学习体验设计的一部分,两者是组合关系而非孤立关系。一些教室布局可能会提供更多的权威空间,鼓励讲课式教学法,而其他教室布局可能会提供更多的互动空间,鼓励参与式教学法。不过,教师有权通过控制课堂中的话语和其他符号模式的编排来颠覆这些布局的可供性。

在亚洲,Thomas Amundrud 仔细研究了日本高等教育 EFL(英语作为外语)课堂上师生之间的反馈环节(Amundrud,2015)。他采用社会符号学的视角看待教与学,认为教师对课堂空间的利用是一种意义建构的符号模式。Amundrud(2015)将教室空间分类法应用于咨询环节的意义投射上,并介绍了该研究对 SLA(第二语言)学习的影响。

在中东,Perihan Korkut 运用课堂空间分类法比较了土耳其职前教师和在职教师的课堂管理(Korkut,2017)。他发现,新手教师和经验丰富的教师之间的差异,虽然无法被轻易观察到,但可以通过他们对符号模式的使用来解读,其中就包括教师如何通过位置和活动来使用空间,由此提出了对教师进行岗前培训和专业学习的建议和意见。

在澳大利亚,Louise Ravelli 在她对大学学习空间的研究中认为,教师控制学习资源的可见性以及监控学生工作的行为带来了不同的交际模式,从而会创造特定的社会关系(Ravelli,2018)。因此,教师的空间教学法可以在学生学习体验的设计中表达特定的元功能意义。

在新西兰,Sean Sturm 探索了大学学习空间的可能性(Sturm,2018),他运用课堂空间分类法来探讨师生之间的互动关系。Sturm(2018)认为,对此类实践的研究可以促进高等教育机构在教学中的"参与式教学法"。

在乌拉圭,Paula Cardellino 和她的同事还应用空间教育学的概念,来研究课堂空间如何促进或抑制师生之间的行为和关系。他们认为,教室空间的性质和类型会影响师生之间视觉互动的质量和程度(Cardellino,Araneda,Alvarado,2017)。他们坚信,学习空间的设计以及教师在空间中的活动和位置可以塑造学生的学习体验。

在瑞典,Tamara Mehdi 和 Hanna Fristedt 探讨了教师在第二语言课堂中使用多模态资源的情况(Mehdi & Fristedt, 2018)。他们根据教师在语言和手势上的选择,运用课堂空间的分类法,对教师的空间使用进行编码。他们确信,教师在教学中意识到空间、手势、凝视和语言的使用是至关重要的。

空间教学法的概念可以用来展示学生在真实课堂和虚拟课堂中的学习体验。Sabine Tan 和她的同事对比了传统教室和 3D 虚拟世界中的语言教学,运用教室空间的分类法,以及其他符号模式,如凝视、面部表情、身体姿势和手势,以突出强调数字多模态学习环境的复杂性(Tan, O'Halloran & Wignell, 2016)。通过比较,他们展示了教师的符号模式的编排是如何在课堂上以有序、结构化和目标导向的方式促进语言学习的。相比之下,教师对符号模式不协调的使用可能会对虚拟学习空间中的成功学习造成问题。Tan 等人(2016)认为，研究结果对 CALL(计算机辅助语言学习)方法有一定的启示，表明教学不仅仅是通过语言传播知识，教学涉及在学习体验的设计中多模态的整体编排，其中的物质性影响可见一斑。

　　Terry Byer 及其同事的研究(Byer, Imms, Hartnell Young, 2014)证实了课堂空间的使用会对教学产生深远的影响。他们将教师的空间教学法作为"教学法建构"(Monahan, 2002; Thomas, 2010)的一部分进行了重塑，"教学法建构"是指物理空间的文化、心理和行为属性塑造教与学的能力。Byers 等人(2014)还提出了一种方法——单学科重复测量设计(SSRD)——来测量空间对学生学习结果的影响。

　　Lara Sardinha 和她的同事进一步论证了空间教学法，他们认为课堂物理空间可以被理解为一个学习生态系统，将社会、文化、建筑和技术维度结合在一起(Sardinha, Almeida, Pedro, 2017)。他们运用空间教学法的概念来描述课堂中的社会维度，其中空间的意义取决于师生互动的性质。借此，他们希望开发出一种创新的室内设计策略，能够提高教室物理空间在不同维度上的利用率。

　　世界各地对课堂空间使用的研究表明，人们对教师如何通过空间使用为学生设计各种学习体验以及如何更好地设计课堂学习空间越来越感兴趣。虽然空间的规范使用使得特定空间极具传统意义，并直接鼓励某些教学法，但研究还表明，教师拥有最终的控制权，拥有通过话语行使重塑空间意义的选择权。这些研究肯定了教师反思课堂空间的重要性，并将其作为教学法的一部分。空间教学法的概念也有助于通过空间语义学来促进研究二语习得教学、CALL 方法使用、教师的职前和专业学习，以及普通教育和高等教育背景下的学习空间设计。

六、空间探索

　　空间影响社会实践，并塑造个人在其中的身份和关系(Allan & Catts, 2014)。个人之间的空间距离需要从社会和文化来进行双向定义(Hall, 1966)。正如 Jewitt(2008:262)所观察到的，"教师和学生如何使用凝视、身体姿势以及空间和资源的分配，在课堂上产生无声的话语，直接影响其识读能力"。教师对课堂空间的使用对社会资本的产生有深刻的意义(Allan & Catts, 2014)，形成课堂上师生之间的权力关系(Lim等，2012)，提高学生参与度并改善他们的课堂表现(Bouchard，2017)。教师在教室中活动和占据的空间是有意义的。这些空间意义受到话语类型、师生互动性质的影响，教具和教室的布局陈设也同样会带来一定程度的影响。

在本章中，我们考察了课堂空间的意义，并描述了用于映射这些空间意义的类型学。虽然空间意义随着时间的推移受传统用法影响而倾向于规范化，但仍然可以由教师在使用空间时所选择的话语类型来重新定义。教师的位置和步调分别从静态和动态两个方面协商课堂空间中的意义。因此，研究教师对课堂空间的使用可以揭示他们的空间教学法。对于教师来说，了解课堂空间作为一种符号模式，并进行恰当而流畅的使用，可以帮助他们为学生设计多样的学习体验。

本章还探讨了数字技术在多模态数据编码和可视化方面的可能性。课堂上多模态数据的收集通常会产生一个巨大的语料库，这些数据的可视化有助于确定分析模式和趋向。在第二章和第三章中，我们介绍了 Cytoscape 这种开源软件的使用，它可以将数据编码可视化为网络图。通过对两位教师的数据分析，我们发现网络图确实有助于比较教师的课堂微体裁及其空间教学法。

O'Halloran(2009:113)观察到"具备社会科学背景的多模态分析员通过理解和利用计算机技术提供的扩展意义潜势来进一步推进多模态分析理论和实践，收获颇丰"。对具身符号学研究感兴趣的教育研究者使用计算机技术作为可视化工具已经成为一种必要。随着技术的进步，大数据的自动标注和基本分析正在迅速成为现实(Wiedemann，2013；Bateman等，2016；Manolev等，2018)。因此，教育研究人员有可能通过新技术的可供性来可视化、分析和解释教师所做的符号学选择，从而克服一个似乎令人望而生畏的问题，即在多模态语料库中收集到的关于课堂内具身符号学的数据量过于庞大，处理十分困难。

思考题

1. 教师在教室中占据的不同空间如何表达特定意义？
2. 教师如何利用课堂中的各种教室空间为学生设计独特的学习体验？

参考文献

Aliakbari, M., Faraji, E., & Pourshakibaee, P. (2011). Investigation of the proxemic behavior of Iranian professors and university students: Effects of gender and status. *Journal of Pragmatics* 43,1392 – 1402.

Allan, J. & Catts, R. (2014). Schools, social capital and space. *Cambridge Journal of Education* 44(2),217 – 228.

Amundrud, T. (2015). Individual feedback consultations in Japanese tertiary EFL: A systemic semiotic exploration. *English Australia Journal* 30(2),40 – 64.

Bateman, J., Tseng, C-I., Seizov, O., Jacobs, A., Ludtke, A., Muller, M. G., & Herzog, O. (2016). Towards next-generation visual archives: Image, film and discourse. *Visual Studies* 31(2), 131 – 154.

Bouchard, D. (2017). Mutually Humble Collaboration in College Literacy Courses: Same Papers, Dialogical Responses. (Unpublished doctoral thesis.) University of Minnesota, America.

Byers, T., Imms, W., & Hartnell-Young, E. (2014). Making the case for space: The effect of learning spaces on teaching and learining. *Curriculum and Teaching* 29(1),5 – 19.

Cardellino, P., Araneda, C., & Alvarado R. (2017). Classroom environments: An experiential analysis of the pupil-teacher visual interaction in Uruguay. *Learning Environments Research* 20(3),417 – 431.

Djonov, E., Torr, J., & Stenglin, M. (2018). Early language and literacy: Review of research with implications for early literacy program at NSW public libraries. Sydney, NSW: State Library of NSW and Department of Educational Studies Macquarie University.

Foucault, M. (1995). *Discipline and Punish: The Birth of the Prison*. (A. Sheridan, Trans). New York: Vintage Books. (Original work punished 1977).

Furlong, J. (2015). Habits in Habitats: School Architecture and Teachers' Interaction with Space in Manchester and Copenhagen. (Unpublished MA Thesis.) Université Libre de Bruxelles(ULB), Brussels, Belgium. Retrieved from www. 4cities. eu/wp-content/uploads/2016/06/MAthesis _ 4Cities _ FURLONG_JAMES. pdf

Gana. E., Stathopoulou, C., & Chaviaris, P. (2015). Considering the classroom space Towards a multimodal analysis of the pedagogical discourse. In U. Gellert, J. G. Rodriguez, C. Hahn, & S. Kafoussi(eds), *Educational Paths to Mathematics*(225 – 236). Switzerland: Springer.

Goffman, E. (1959). *The Presentation of Self in Everyday Life*. New York: Doubleday.

Hall, E. (1966). *The Hidden Dimension*. Garden City, NY: Doubleday.

Halliday. M. A. K. (1978). *Language as Social Semiotic: The Social Interpretation of Language and Meaning*. London: Edward Arnold.

Jewitt, C. (2008). Multimodality and literacy in school classrooms. *Review of Research in Education* 32, 241 – 267.

Jewitt, C. (2011). The changing pedagogic landscape of subject English in UK classrooms. In K. L. O'Halloran and B. A. Smith(eds), *Multimodal Studies: Exploring Issues and Domains* (184 – 201). London & New York: Routledge.

Kendon, A. (2010). Spacing and orientation in co-present interaction in development of multimodal interfaces: Active listening and synchrony. *Lectures Notes in Computer Science* 5967, 1 – 15.

Korkut, P. (2017). Classroom management in pre-service teachers' teaching practice demo lessons: a comparison to actual lessons by in-service English teachers. *Journal of Education and Training Studies* 5(4), 1 – 17.

Kress, G. (2010). *Multimodality: A Social Semiotic Approach to Contemporary Communication*. London & New York: Routledge.

Kress. G., Jewitt, C., Bourne, J., Franks, A., Hardcastle, J., Jones, K., & Reid, E., (2005). *English in Urban Classrooms: A Multimodal Perspective on Teaching and Learning*. London, UK: RoutledgeFalmer.

Lim, F. V. (2010). Language, gestures and space in the classroom of Dead Poets' Society. In Y, Fang & C. Wu (eds), *Challenges to Systemic Functional Linguistics: Theory and Practice. Proceedings of the Conference ISFC36 Beijing July* 2009(165 – 172). Beijing: 36th ISFC Organizing Committee. Tsinghua University and Macquarie University.

Lim. F. V. (2011). A Systemic Functional Multimodal Discourse Analysis

Approach to Pedagogic Discourse. Doctoral thesis. National University of Singapore.

Lim. F. V. , O'Halloran, K. L. , & Podlasov, A. (2012). Spatial pedagogy: Mapping meanings in the use of classroom space. *Cambridge Journal of Education* 42(2),235 – 251.

Manolev, J. , Sullivan, A. , & Slee, R. (2018). The datafication of discipline: ClassDojo, surveillance and a performative classroom culture. *Learning, Media and Technology* 44(1),36 – 51.

Martin. J. R. , & Stenglin, M. (2007). Materializing reconciliation: Negotiating difference in a transcolonial exhibition. In T. D. Royce & W. Bowcher (eds), *New Directions in the Analysis of Multimodal Discourse* (215 – 238). Mahwah, New Jersey and London: Lawrence Erlbaum Associates, Publishers.

Martin, P. (2010). Book review: Gunter Kress, Carey Jewitt, Anton Franks, John Hardcastle, Jill Bourne & Euan Reid, English in urban classrooms: A multimodal perspective on teaching and learning. *Language and Education* 90 – 94. Retrieved from http://courses. nus. edu. sg/course/ellbaozm/Papers/Bao2008b. pdf

Matthiessen, C. I. M. M. (2009). Multisemiosis and context-based register typology: Registeral variation in the complementarity of semiotic systems. In E. Ventola & A. J. M. Guijarro (ed.) *The World Told and the World Shown: Multisemiotic Issues* (11 – 38). Hampshire: Palgrave Macmillan.

Mehdi, T. & Fristedt, H. (2018). What Multimodal Resources Are Used by a Second Language Teacher while Giving Instructions? MA Thesis. Malmö University, Sweden.

Monahan, T. (2002). Flexible space and built pedagogy: Emerging IT embodiments. *Inventio* 4(1),1 – 19.

Morell, T. (2018). Multimodal competence and effective interactive lecturing. *System* 77,70 – 79.

O'Halloran, K. L. (2009). Historical changes in the semiotic landscape: From calculation to computation. In C. Jewitt (ed.), *Handbook of Multimodal*

Analysis(98 – 113). London: Routledge.

Ravelli, L. J. (2018). Towards a social-semiotic topography of university learning spaces: Tools to connect use, users and meanings. In R. Ellis & P. Goodyear(eds), *Spaces of Teaching and Learning. Understanding Teaching-Learning Practice*(63 – 80). Springer, Singapore.

Sardinha, L., Almeida, A. M. P., & Pedro, N. (2017). Bridging approaches: Classroom physical space as a learning ecosystem. *Interaction Design and Architecture(s) Journal-IxD&A* 35, 56 – 74.

Stenglin, M. (2008). Binding: A resource for exploring interpersonal meaning in three-dimensional space. *Social Semiotics* 18(4), 425 – 447.

Stenglin, M. (2009a). From musing to amusing: Semogenesis and western museums. In E. Ventola & A. J. M Guijarro(eds), *The World Told and the World Shown: Multisemiotic Issues* (245 – 265). Hampshire: Palgrave Macmillan.

Stenglin, M. (2009b). Space odyssey: Towards a social semiotic model of three-dimensiona space. *Visual Communication* 8(1), 35 – 64.

Stenglin, M. (2011). Spaced out: an evolving cartography of a visceral semiotic. In S. Dreyfus S. Hood, & M. Stenglin(eds), *Semiotic Margins: Meaning in Multimodalities* (73 – 100). London & New York: Continuum.

Sturm, S. (2018). An art of orientation: The possibilities of learning spaces. In L. W. Benade & M. L. Jackson(eds), *Transforming Education: Design and Governance in Global Contexts* (135 – 148), Singapore: Springer Nature Singapore, Ptd Ltd.

Tan, S., O'Halloran K. L., & Wignell, P. (2016). Multimodal research: Addressing the complexity of multimodal environments and the challenges for CALL. *ReCALL* 28(3), 253 – 273.

Thomas, H. (2010). Learning spaces, learning environments and the displacement' of learning. *British Journal of Educational Technology* 41(3), 502 – 511. http://dx.doi.org/10.1111/j.1467 – 8535.2009.00974.x

Wiedemann, G. (2013). Opening up to Big Data: computer-assisted analysis of textual data in social sciences. *Historical Social Research* 38(4), 332 – 357.

第四章
教学手势

一、表演教学

　　教学是一种表演。教学活动本身关涉教师的整个身体。从老师走进教室的那一刻起，教室空间就变成了老师的舞台。学生们的目光都集中在老师身上，他们的每一个动作、每一个手势、每一个眼神往往伴随语言又超越语言，表达各种意义。

　　具身教学是指教师如何通过一系列符号模式，如空间和手势的使用来表达意义，是设计学生课堂学习体验的一部分。只有认识到这一点，老师才会去反思自己在教学中如何使用这些符号模式，并学习如何适时、流畅地使用空间和手势来表达自己的教学法——这正是他们输出知识、与学生交流以及组织课堂学习体验的方式。

　　一名经验丰富的教师，如上文第一章中所述的 Gan 老师，几乎凭直觉就意识到并做到了这一点。她不仅选择了属于自己的语言，而且选择了最恰当的符号学模式，在课堂中创造意义。手势通常是独立使用的，无需伴随语言，用于纠正学生的不当行为，引导他们的注意力回到课堂上，并对学生上厕所的请求表示允许。通过这种方式，手势被用来表达课程中的调节话语。手势也可以和语言一起用于交流，例如用手势可以清晰地表达用语言描述的抽象概念，或通过重复和冗余的手势强化用语言说的话（Bateson, 1973; Lemke, 1984; Christie,

2002)。因此,手势也被用作课堂教学话语的一部分,这将在第六章中深入讨论。

在课堂上表达调节话语,比如维持纪律时,手势的恰当使用可以减轻学生在课堂上所感受到的高权力以及可能发生不愉快的程度,特别是教师已经通过语言表达了纪律话语之后。手势伴随着一个意味深长的停顿可以用来点出犯错的特定学生,而教师如果转而通过语言去斥责一个学生,即使点名点到那个犯错的学生,也将会影响到班上所有人。比起在时间紧迫的课堂上使用语言,教师策略性地使用手势可以在更短的时间内迅速恢复教学秩序。

课堂中师生互动的研究主要集中在课堂话语中语言的使用上。然而,因为视频记录技术的易获取性,现在可以很容易地收集关于教师使用具身符号的数据。教育研究人员可能会关注如何对教师手势进行编码和分析。在教学环境中手势的类型和性质是什么?在教学意义的编排中,教师对手势的使用如何适应多模态的符号模式?这些将是本章从社会符号学角度要讨论的一些问题。

二、手势研究

手势的使用长期以来被认为对交际做出了不可缺的重要贡献。"手势"一词来源于拉丁语词根"gerere",意为携带、管理或实施。换句话说,手势一直都保有这样的意义,即它是一种符号模式,一种意义的承载。

罗马演说家不仅关注到说服艺术中语言的使用,也在修辞学中注意到手势的使用。在有记载的历史中,罗马演说家和哲学家 Marcus Tullius Cicero(前106—前43)是最早在古典修辞学中研究手势的人之一。Cicero 在其修辞学讲演中将演说家对手势的有效运用描述为"eloquentiacorporis"或身体的雄辩。通过其作品,Cicero 引入了"sermocorporis"或者"身体语言"在交流中的作用。

另一位罗马演说家和教育家 Marcus Fabius Quintilianus(35—100)在他12卷的教科书《雄辩术原理》(*Institutio Oratoria*)中发展了修辞学理论和实践。在 Cicero 奠定的基础上,Quintilianus 把修辞表达区分为声音和手势。Quintilianus 借鉴了当时的罗马演说家的做法,特别提到手势的有效使用可以在辩论中起到强调功能。

20 世纪初,由于瑞士语言学家和符号学家 Ferdinand de Saussure(1857—1913)的开创性工作,语言学作为一门学科蓬勃发展,而随着 20 世纪下半叶冷战时期非口语交际领域的兴起,业界对手势研究的兴趣逐渐浮现。绘制这一领域图表的先驱包括:英国心理学家 Adam Kendon,他毕生致力于将手势作为可视动作并绘制成图表(Kendon,1996,2004);美国人类学家 Ray Birdwhistell 引入了"人体动作学"一词来描述一个人在交流中对面部表情、手势、姿势、步态和动作的使用(Birdwhistell,1952,1970);以及美国心理学家 Paul Ekman,他研究面部表情和手势,特别是在测谎方面(Ekman & Friesen,1969,1974)。

随着手势定义和性质的不断发展,非言语交际领域的研究者将手势分为多种类型。例如 Ekman 和 Friesen(1969,1974),Scherer 和 Ekman(1982),其他人提出了象征、解说、调节、适配和情感表达的类别。确切的命名法可能因研究人员而异,且并非都能识别出这里描述的所有类别。然而,采用此框架的不同理论家在分类背后的一般性原则方面仍然是一致以及相似的。

象征性动作被认为是独立于语言的手势,可以直接进行口头翻译。例如,拇指和食指连接在一起的"OK"标志就是经典例子。解说是依赖于语言的手势,行为人的意图程度是不确定的,解说包括在对话中轮流使用的信号(用手掌指向)、指示信号(用手指来列举意见)、指挥棒(拍手)、表意文字(思考时咬手指),以及象形文字(在索要账单时描摹签署支票的动作)。调节或比画,正如 Kendon(2004)所描述的,是习惯性的、无意识的手势。它们大多是依赖言语的手势,被归类为交际手势。

适配是高度无意的行为,正如 Ekman 和 Friesen(1969)所描述的,通常是对无聊或压力的反应。自我适配包括控制行为者的身体,如捻或抓挠头发。适配的发生和变化是为了在心理上或身体上保护行为者免受他人伤害,包括双臂交叉或无意识的腿部运动。专注于对象的适配包括无意识地操纵物体,如旋转戒指和敲笔。感情表达包括面部表情、姿势、反射动作和无意识动作,比如颤抖。在非口语交际领域,适配并不被严格地认为是手势,因为它们通常不是故意的,可能不具有可识别的交际性。

多年来,心理学的 Goldin-Meadow 和 Singer(2003)、McNeil(1992,2005),人类学的 Haviland(2004),认知与学习科学的 Roth(2001)和 Cienki(2008)等学者进一步发展了对手势的研究。在语言学领域,Goodwin(1979)和 Schegloff(1984),Ochs、Schegloff、Thompson(1996)从对话分析的角度对手势进行了研究,最近的研究还包括 Streeck、Goodwin、LeBaron(2011)和 Broth、Mondada(2013)。

Nevile(2015)描述了语言学研究中的"具身转变",引发学界对多模态交际的关注,Mondada(2016:338)也观察到在会话分析领域中对多模态的兴趣出现了同样的激增。在口语资源以外,还有一个焦点是"具身资源,包括一种更全面和整体的多模态方法,包括语言、手势、凝视、头部动作、面部表情、身体姿势、身体动作以及对物质对象的具身操纵"。她认为,对多模态研究的兴趣为"从经验和分析角度考虑理解的多模态维度"铺平了道路(Mondada,2011:550)。

其他近期的研究包括 Dreyfus(2011)描述了一个具有智力障碍的孩子如何使用手势进行交流,Taylor(2014)研究了儿童在课堂上使用手势作为多模态意义构建的一部分,以及 Norris(2016)从多模态互动角度分析了作为具身符号的手势。通过应用系统功能理论,Hood(2007, 2011)、Martinec(2000, 2001, 2004)、Cleirigh(2011)、Lim(2011, 2019a, 2019b)、Martin 和 Zappavigna(2019)这些学者在系统化手势方面开展了研究。考虑到本书中的社会符号学取向,学者们在系统功能理论范式下提出的概念将在接下来的章节中进行讨论,并在本章中用来扩展教学手势分析的类别。

三、课堂上的手势

近年来,学者们对教师在不同学科课堂上的手势使用进行了一系列的研究。其中包括数学(Cook, Duffy & Fenn, 2013)、物理学(Carlson, Jacobs, Perry, & Church,2014)、化学(Abels, 2016)、语言学(Inceoglu, 2015;Matsumoto & Dobs,2017)和音乐(Simones, Schroeder, & Rodger,2015)。该研究表明,教师恰当使用手势来表达意义可以促进学生的学习(Klooster,Cook,Uc, & Duff, 2015;Novack & Goldin-Meadow,2017;Cook,2018),以及维持和规范学生在课堂上的行为(Sime,2006;McCafferty & Rosborough, 2014)。

Sime(2006)研究了在苏格兰一所大学学习英语作为外语(EFL)的学生如何感知和解读老师在 EFL 课堂上的手势。学生们被要求回顾他们上一节课的一段视频,他们需要识别并评论老师的非语言行为,如手势、眼神交流和面部表情。他们观察到,老师会在课堂活动和言语转换的管理中运用手势来规范和组织学生。例如,老师会指着一个特定的学生表示要他回答,并通过摆动食指或将手掌指向另一个学生来停止这名学生的发言。

McCafferty 和 Rosborough(2014)研究了美国一个二年级教室中师生之间

的课堂互动。具体来说,研究人员仔细观察了教师的手势使用并发现它们在课堂上也起到了调节的作用。例如,当一个学生等待着想在老师和另一个学生对话时从他们的中间走过,老师在不打断他和第二个学生谈话的情况下,以一个挥动右臂的指示性手势,向第一个学生发送信息,让他可以走他们中间的路。

课堂管理的文献也强调了教师使用手势作为调节课堂一部分的重要性。(参见,例如 Kounin,Gump & Ryan,1961;Galloway,1976;Neill,1991;Neill & Caswell,1993)。特别是 Neill(1991)和 Neill、Caswell(1993)对教师何时以及如何使用手势及其他非语言行为来引导学生的注意力,规范学生的行为,与学生建立积极的关系提出了切实可行的建议。这些书的重点是将手势仅仅作为教师在课堂管理中的一种技巧,为教师结合其他符号资源,认识并更深刻地了解和熟练使用手势,从而设计学生的学习体验铺平道路。

四、手势的系统功能研究

(一) 手势的类型

在本节中和接下来的小节中,我们将介绍手势的系统功能多模态话语分析(SFMDA)方法,目的是为课堂中手势的系统化提供分析类别,这将方便教学实践者反思其在具身教学中如何使用手势作为符号模式,并支持教育研究人员使用编码方案来注释和分析手势类型和意义性质。

在动作研究中,独立的研究员和顾问 Radan Martinec 从 SFMDA 的理论方向出发,提出动作可以描述为呈现动作、再现动作和指示动作,这些都基于正式的可观察标准。Martinec 制定了包括运动和空间关系的动作系统,因为"它们都表达同样宽泛的意义"(Martinec,2001:144)。Martinec(2000:243)将表现动作定义为"最常用于某些实际目的的",并"传达非表征意义";再现动作"作为一种再现方式",是强编码的表达;指示动作通常只与言语同时发生,并且"为了获得其全部意义,人们必须接触到指示动作和共现言语同时表达的二阶语境"(Martinec,2000:244)。

Lim (2011,2019a)将 Martinec 对动作的描述扩展为一种分类学,用于与交际意图和与言语关系相关的手势分类(图 4.1)。呈现动作包括表演性手势——具有实际功能的手势,比如拿起一个物体或挠痒,本质上是非交际性的。再现动作和指示动作涉及交际手势。虽然表演性手势的目的不是交际,但它们有时可解读为传达意义,因此也可作为交际手势。例如,挠头的动作是一种表示瘙痒的动作。然而,它也可以解读为交际性手势,表示不确定。正如所观察到的一样,交际性手势和表演性手势的分类界限有时是模糊的。尽管如此,当在上下文中解释这个手势时,其意义通常是不明确的,包括它的上文和下文。因此,尽管表演性手势在本质上并不是交际性的,但对其仍然不能忽视。

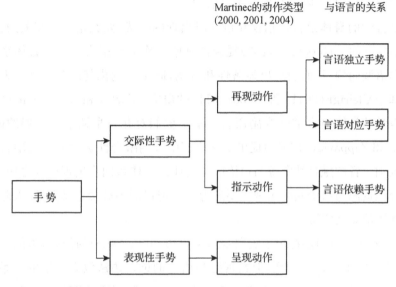

图 4.1 手势的分类
见 Lim(2019:87)

交际手势可以是言语相关的,如在指示动作中,也可以是言语独立的,或言语对应的,如在再现动作中。言语依赖手势是指与语言共现的手势,需要伴随语言来充分理解和解释其意义。言语独立手势在言语缺失的情况下具有意义,而言语依赖手势与语言同时出现,其意义与所说内容情境统一。图 4.1 中的类型可以用手势的经典类别来描述,即象征、调节、适配和情感表达。象征,比如大拇指向上的标志是交流手势,独立于语言;解说,例如边表达意见边用手指编号,是依赖于语言的交际性手势。调节,如伴随语言有节奏地移动手部,是依赖言语的交际性手势,通常表示正在讲话的重要性。适配和情感表达,如抓挠和颤抖,是没有刻意交流意图的表演性手势。

(二)手势的历时观
系统功能理论学者 Chris Cleirigh 研究了手势作为肢体语言伴随时间变化

的发展情况。Cleirigh(2011)提出了原语言、语言和表语言的分类，从历时角度来描述符号模式的类别。

Cleirigh(2011)认为：原语言是由婴语发展而来，但"没有作为表现手段的功能"，指的是在向母语过渡过程中遗留下来的系统。它类似于Kendon(2004)和其他学者所描述的适配，原语言的身体语言包括表演性手势，比如因不适而坐立不安，都是非交际性且独立于言语的。

语言学的身体语言包括仅在讲话时出现的手势，要么是言语相关的，要么是言语独立的。Hood(2011:33)提到："这些动作能与语言韵律语音体系中的节奏和语调同频，从而表现出显著性和音调，同步实例化其语篇意义和人际意义。"基于Cleirigh(2011)和Hood(2011)的研究，Martin和Zappavigna(2019)将语言学的身体语言描述为副语言。基于他们对儿童早期语言发展的研究，Martin和Zappavigna(2019)提出了副语言中音韵融合性资源和语义融合性资源的区别。音韵融合性资源与口语中的韵律语音体系同步出现或与之协调；语义融合性资源与口语共同出现主要是为了实现口语的概念意义资源、人际意义资源和语篇意义资源。

Cleirigh(2011)还提出了表层身体语言(Epilinguistic)的类别，可能与口语共现，也可能不与口语共现，但共现时与语言的词汇语法没有系统的联系。因此，表层身体语言表达的是意义而不是措辞。表层身体语言"作为一种表现手段，可以用来交流当下被取代的语境"。表层身体语言包括交际性手势，这些手势要么独立于言语，要么对应于言语。Cleirigh(2011)认为表层身体语言的发展是伴随儿童早期语言发展过程从原始语言到语言的演变而产生的。Hood(2011:34)详细阐述了当表层身体语言伴随口语时，它可以明晰口语的语义；当脱离口语时，它就构成了哑剧表演。表层身体语言可以全部实例化以下三种元功能：概念功能、人际功能和语篇功能。当表层身体语言与口语共现时，它就构成了由Martin和Zappavigna(2019)所描述的语义资源。

（三）手势元功能的意义

从SFMDA的方法出发，手势可以根据其表达的元功能进行分类。手势被描述为(1)人际意义，即它们如何在制定社会关系发挥作用；(2)概念意义，即它们如何展示关于世界的观念和知识；(3)语篇意义，即它们如何组织——通常是多模态的——语篇。

手势的意义是用来描述表演性手势和交际性手势的元功能术语。虽然在呈现动作时，表演性手势主要是非交际性的，但它们仍然是有意义的，并且可以被描述为元功能；交际性手势的元功能意义则根据它们是不是再现动作或指示动作进行分类。

本章借鉴了 Martinec(2000，2001，2004)对手势概念意义系统的发展。Martinec(2000：243)将呈现动作定义为"最常用于某种实际目的"以及"传达非表征意义"。因此，呈现动作通过类似于语言的过程来表达概念意义，并被分析为物质过程、行为过程、心理过程、言语过程和状态过程。再现动作"作为一种表现方式"，以强编码方式再现。再现动作通过对参与者、过程、环境以及一致性实体和隐喻概念的再现来表达概念意义。指示动作通过与伴随语言相关的意义来表达概念意义。指示动作还另增一层语义，如对重要性、接受性及其相关的再现，从而也一并实现了人际意义和语篇意义。

然而，由于 Martinec(2001)提出的动作中的人际意义的系统倾向于空间关系、身体姿势和面部表情，因此，我们转而采用了 Sue Hood(2007，2011)为手势专门制定的人际意义系统。悉尼科技大学副教授 Sue Hood 在 McNeill(1992，1998，2000)和 Enfield(2009)的认知研究和 Kendon(2004)的心理学研究的基础上，从三个元功能的角度描述了手势所产生的意义：在概念意义方面，Hood(2007)发展了 Martinec(2000)对再现动作的描述，并确定了手势中的一致性实体和隐喻概念；在人际意义方面，Hood(2011)确定了涵盖态度、介入和分级的手势类型；在语篇意义方面，Hood(2011)描述了手势中的识别、交互波、突显和衔接。这些描述将在本章以下几节中更全面地进行讨论。

(四) 手势的种类

Adam Kendon 将手势定义为"身体动作的各个阶段，这些阶段的特征允许其被'认为'是主动交际动作的组成部分"(Kendon，1996：8)。他解释说，一个典型的手势经历了三个阶段——准备、比画和收回。比画阶段是手势中唯一必需的元素。McNeill(1992：375)将该阶段描述为"在动力学术语中承载着手势'力'特征的阶段"。他认为，"从语义角度看，它是手势的内容承载部分"(McNeill，1992：376)。

手势被定义为"作为主动交际行为的组成部分"并非没有问题，尤其是其定义的主体，无论是受众还是分析人员，都会受到质疑。阿姆斯特丹大学英语语言学教授 Alan Cienki 从交际者的角度给出了他对于手势的定义："任何主动产生的身体动作。"(Cienki,2008:6)尽管如此，在决定什么被认为是"主动"时所涉及的主观性问题仍然存在。

　　本章由此提出了一种兼容法，即所有经由手臂和手做出的身体动作都被视作手势，并被编码为表演性手势或交际性手势。这是因为在数据标注和转录的初步阶段，在不加入研究者一定程度的主观性解释的情况下，如果脱离语境而将某些动作简单归纳为表演性或非交际性动作可能是不成熟且困难的。

　　从 SFMDA 的角度来看，分层原则可以应用于手势分析，手势同时具有表达层和内容层，前者为后者的表现形式。手势作为一种符号模式，也会通过以下章节描述的形式和功能系统表达元功能意义。手势的表达层是手势的形式，即手臂和手的动作的物理设定；手势的内容层有自己的"语法学"，可以通过选择网络系统来展现。内容层同时也受到人类肌肉骨骼生理学的限制。这也决定了何种运动，即何种意义可以实现或不能实现。内容层将元功能意义表示为音韵融合性或语义融合性资源。

　　从 SFMDA 的角度来看，选区原则也可以应用于手势研究。类似于语言中对单词、词组、短语和从句的分级，手势则是根据手指、手、手臂以及上半身来进行分级的。描述手势的形式特征，也就可以标注各种选择，例如手势的方向、幅度以及手臂、手和手掌的参与程度。

　　其他系统还包括频率、速度、力度和肌肉张力等动态方面。它们共同协作，产出节奏、层级和节拍，这些都可以通过替代指标进行探索，如指示动作中的节拍系统，这将在手势的语篇意义一节中讨论。

　　教师在课堂上使用的手势形式可以根据图 4.2 中的编码类别进行识别和分析。手势的形式包括手掌运动、手势方向、手掌方向、手势幅度、手的使用以及与手直接接触的对象。有了手势形式的编码，就可以将其与这些手势的功能联系起来，从而判定教师在特定课程微体裁中手势使用的模式和趋势。

　　如图 4.2 所示，需要进行编码的手势功能包括动作的类型、指示动作的再现、再现动作的实体以及呈现动作的过程。同时还标注了通过态度、介入和分级三方面进行编码的人际意义，以及通过特异性、方向性和节拍三方面进行编码的语篇意义。下一节将对此进行更全面的讨论。

手势的编码类别
形式 • 手势的方向性 • 手的描述 • 手的幅度 • 手的使用 • 与对象的接触 功能 • 动作的类型(呈现,再现,指示) • 呈现动作的过程 • 再现动作的实体 • 指示动作的再现 • 态度(再现和指示动作) • 分级(再现和指示动作) • 介入(再现和指示动作) • 特异性(再现和指示动作) • 节拍(再现和指示动作)

图 4.2　手势的编码类别
　　　　来自 Lim(2019:89)

五、手势的功能

(一) 表演性手势中的概念意义

手势中的概念意义在不同类型的手势中有不同的表达。根据 Martinec (2000)提出的呈现动作的概念意义,表演性手势的概念意义通过类似于语言的及物性过程来表达;再现动作包括与言语无关的交际性手势和与言语对应的交际性手势,它通过一致性实体和隐喻概念表达概念意义;指示动作包括言语依赖的交际性手势,表达与伴随言语相关的概念意义。具体来说,它增加了另一层语义,如在多模态话语中对重要性、可接受性或与其关系的表达。

根据 Martinec(2000:247),呈现动作可以"被视为我们现实经验的一部分,通过我们的感知和运动行为,在我们与现实的互动中形成"。在语言的及物性过程中,Martinec(2000)认为只有物质过程、行为过程、状态过程和口语过程与动作有关。鉴于口语过程是通过嘴唇活动和语音分别在视觉和听觉上实现的(Martinec,2000:248),它们不能被认为是手势的一部分。因此,表演性手势只涉及物质过程、行为过程、状态过程。如图 4.3 所示。

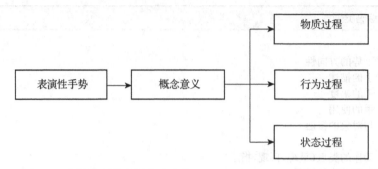

图 4.3 表演性手势中的状态意义

表演性手势中的物质过程需要通过明显的"努力"来实现。在课堂环境中，这包括老师在白板上写字、给学生发表格、重新安排桌椅。课堂上大量表演性手势的材料过程表明其动态性和动作性，不过如果使用太多的表演性手势，可能会分散学习的注意力，因为它们主要是非交际性动作。

表演性手势中的行为过程与物质过程相似，因为它们也涉及能量的消耗。Martinec(2000)将手持重物和踢球的动作描述为物质过程，而将梳头、剃须和清洗等修饰动作则描述为行为过程，这些主要是针对自我的行为。其他类型的行为过程则与情感有关，包括伴随哭泣、大笑、呻吟和咳嗽等生理过程的手势，这都可能涉及手势的使用。在课堂上，当老师嘲笑学生的滑稽动作时用手捂住嘴，可以被认为通过行为过程体现的表演性手势。

状态过程是指没有显著运动和没有明显能量消耗的过程，可以用来描述一个人的手臂和手处于静止状态。如果站着，手臂可能垂直摆放在两侧；如果坐着，手臂可能放在腿上。Martinec(2000)认为，人类在动作中施力与不施力最终成为物质过程和状态过程的区别。状态过程曾极富争议地被认为应当排除在手势之外，只因它不涉及任何运动。然而，对分析人员来说，将其识别和编码为手势还是有用的。当没有明显运动，手臂和手处于静止和休眠状态时，状态过程便可以被识别。在教师身上识别到大量的状态过程，这可能表明教师并没有使用很多这类手势作为课堂上表达意义的符号。

(二) 交际性手势的概念意义(言语独立或言语相关)

独立于言语或对应于言语的交际性手势是 Martinec(2000)所描述的再现动作的一部分。它们通常是具有传统象征功能的手势，在特定的文化中被定义和使用。例如,竖起大拇指代表好,竖起食指代表第一。Cleirigh(2011)发现一些交际性手势是由表演性手势自然演化而来的,它们不再具有执行任务的实际功能,而是出现传达思想的指示功能。例如,"停止"手势是由伸出的手掌面向前方张开构成,这可能是从强制约束某人的表演性手势演变而来。作为教师在课堂上使用的交际手势,它现在承载了停止、等待或减速的抽象过程。Martinec(2000:251)认为再现动作的语义是通过"直接可观察的、与符号形状有关的形式类别"来实现的。因此,手势的形式和功能之间的关系虽不是任意的,但也是约定俗成的。

独立于言语表达的交际性手势表达的是非口语的概念意义。然而,正如Hood(2011:41)解释的那样,"概念意义的再现有时只能通过手势来实现,而非口语。换句话说,教师的手势承载了全部的概念负荷"。在课堂语境中,教师可以在指令话语中用食指和中指做出"二"的手势来列举她的观点,而不用说"二"。教师还可以使用独立于口语的手势来表达课堂上的调节话语。例如,教师可以将食指覆盖在嘴唇上,示意全班安静下来,或者招手示意某个特定的学生走向她。

对应于言语的交际性手势可以在语义上复制语言中同时表达的一个实体。与言语依赖手势相比,言语对应手势的意义无需通过语言推理就可以得到恢复。例如,老师描述一个圆的时候,她也可以同时用手指在空中做手势画出一个圆的轮廓。虽然口语可能有助于消除手势产生的歧义,但在空中描绘圆轮廓的手势是否可以再现圆本身尚有待争议。

交际性手势中的概念意义可以用 Hood(2007)提出的功能语义分类来描述,如图 4.4 所示。它们是代表具体意义的一致性实体和代表抽象意义的隐喻概念。一致性实体描述像书和房子这样的物体,隐喻概念描述成功和幸福等概念。Hood(2007:6)扩展了 Roth 和 Lawless(2002)的研究,解释了"手势功能在视觉上代表抽象、隐喻或符号概念"。Hood(2007:6)认为,在语言课堂中,教师手势一个非常明显的功能是有意地构建实体和过程的视觉再现,提供对词汇项目的视觉再现。例如,Hood(2007:6)引用了 Lazaraton(2004)的观点。Lazaraton 调查了教师表演如"扫"和"挖"等动词词汇意义的方式。

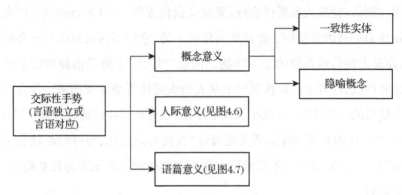

图 4.4 交际性手势中的概念意义(言语独立或言语对应)

(三) 交际性手势中的概念意义(言语依赖)

言语依赖的交际性手势必然伴随着言语,需要言语来进行解释,它所产生的概念意义可能不能复制语言所表达的意义。不过,多模态话语中会增加一层同时关涉言语和手势的意义。基于对课堂数据的分析(Lim, 2019a),教师在使用言语依赖手势时,可以识别出三种主要的意义类型:分别是通过有节奏的节拍来表达的重要性,通过张开的手掌来表达的可接受性,以及通过指示来表达的关系再现,如图 4.5 所示。

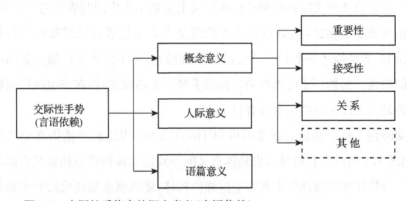

图 4.5 交际性手势中的概念意义(言语依赖)

重要性是通过重复的、有节奏的摆动或拍子来表达的。就其本身而言,手势节拍没有任何概念意义。然而,当伴随口语时,手势节拍用于强调讲话中的重要部分。从多模态角度看,言语依赖手势通过增强重要性来强调所说的话。

可接受性是通过张开的手掌伴随着有规律、有节奏的手臂运动来表达的。言语依赖手势表达了可接受性,传达一种欢迎和开放的感觉,同时还通过积极的情感来表达人际意义。此外,正如 Hood(2011)所描述的那样,它还意味着介入的协商空间的扩展。这将在手势的人际意义一节中进一步讨论。

关系再现通过指示动作的指示来表达,指人或指物的动作是一种交际性手势,可以是言语独立的、言语对应的或言语依赖的。在前两者中,指示可以传达特定的调节话语,例如识别个体进行回应,此时语言可出现可不出现。然而,在课堂上指示动作也可以是一个言语依赖的手势,需要口语伴随来消除歧义。作为一种交际性手势,指示还表达了另外一层概念意义,即关系的再现。言语依赖的手势可以通过身体上的和方向上的扩展,在动作者与它所引用的对象和目标之间进行沟通,这种连接性将注意力吸引到动作者指示的目标上。在教室里,目标通常是学生、白板或投影屏幕。指示在手势的语篇意义部分还将进一步讨论。

除了以上三种类型的概念意义,言语依赖手势还可以表达其他意义。例如,挠头的动作可以是缓解紧张情绪的表演性手势,也可以是表达不确定性的交际性手势。当伴随的口语如"我不确定"等词消除了抓挠动作的歧义时,这个动作就可以被识别为一种言语依赖的手势来表达不确定性。

同样的,将双臂交叉在胸前的动作可以被理解为一种表演性手势,用来取暖以抵御寒冷。然而,如果伴随着口语,比如"我有不同的观点",这种行为可以被理解为一种表达防御或不同意的言语依赖手势。在课堂上,当老师想要表达关系建立话语时,我们往往会观察到,她可能会分享关于她生活的个人轶事。在口头分享中,为了缓和(分享中的)弱势且开放(的气场),老师可能会采取双臂交叉在胸前的姿势,体现出其防御的本能。

将手放在腰上的手势也是一样,当手势在意图上为非交际性时可以理解为一种静态过程,从而归入表演性手势。然而,当这个手势伴随着言语,例如当教师在课堂上发出指令时,这个手势可以被理解成为一个言语依赖手势,在多模态话语中表达额外的概念意义,即对权威的断言。因此,考察手势使用的语境,特别是在与言语相关的语境中,可以帮助区分具有交际意义的手势和仅有实用功能的手势。

(四) 手势中的人际意义

表演性手势大都不具备指示功能,因而通常不承载人际意义和语篇意义。此外,与概念意义不同,手势和言语之间的关系不是表达人际意义的决定性因素。因此所有的交际性手势，无论是言语独立的，言语对应的，还是言语依赖的，都是根据它们表达人际意义的方式来共同描述的。

此处参照 Jim Martin 和 Peter White 提出的评价理论，主要描述交际性手势所产生的人际意义。评价理论的发展是为了更全面地描述语言中产生的人际意义(Martin，1995，2000；Martin & White，2005)。评价理论的能产性体现在它还可以应用在语言以外一系列的符号模式上，包括 Macken-Horarik(2004)关于图像的研究，Stenglin(2008)关于三维空间的研究，Hood(2011)关于研究手势的研究。特别是 Hood(2011)提出评价中人际意义的三个方面：态度、分级和介入，这三点也同样体现在手势中。Hood(2011)认为手势可以表达在态度中的情感和价值观，可以根据不同的维度对意义进行分级，还可以在介入的互动中为他者扩展或收缩空间。

尽管如此，态度的人际意义通常通过面部表情而不是手势来表达。Ekman 和 Friesen(1978)、Ekman 和 Rosenberg(2005)、Hood(2011)等人已经注意到：面部表情，尤其是情感的次分类，是态度表达的主要方式。就手势而言，情感表达的程度可能没有面部表情细致入微，于是他们便在此基础上，提出了一套简单却富有争论的价值观：将手势中的态度大致分为积极态度和消极态度，极性的区别就在于假设手势通常表示积极态度。因此，当提出相反观点时、当出现否定表达时或者当提出对立意义时，消极态度就会被编码。例如，消极态度可以通过手向前推，手掌摆动的手势来表达"不"。

"分级"在手势中具有对"客观意义分级"的人际意义，(可以提供)对意义的主观倾向，标志着意义可以被评价性解读(Hood，2011：43)。这可以扩展到强度、大小、数量、范围(力的分级)或特异性或完成性(作为焦点的分级)的意义。Martinec(2001)讨论了分级人际意义表达的其他方面，即大小、特异性、速度和肌肉张力，特别是速度作为一个更广泛的范畴，在某种程度上也可以作为强度和肌肉张力的替代参考。指示快速、中等、慢速的基本三点刻度可以作为手势的近似度量。缓慢的手势意味着强调和深思熟虑，快速的手势传达着紧迫感、能量和活力。

介入的人际意义通过手的定位来表达，为话语中的其他声音拓展和收缩协商空间。根据 Hood(2011：46)提出的分类，张开手掌或掌心向上的姿势"体现了教师的启发式动作，扩展了多声空间，邀请学生的声音进入话语中"。当老师提问并征求学生的回答时，该情况在课堂讨论中经常出现。而掌心朝下的姿势则缩小了协商空间,阻止了其他部分的贡献和参与,通常用来维护老师的权威。这通常在老师给出指令时使用。除了互动空间的扩张和收缩,可能性模态也可以通过摆动手势来表达,即手进行旋转或沿着圆周运动。摆动的手势代表可能性,通常与语言模态共现。通过手势表达的介入人际意义有助于协调和调节讨论的起伏。手势中人际意义的本质如图 4.6 所示。

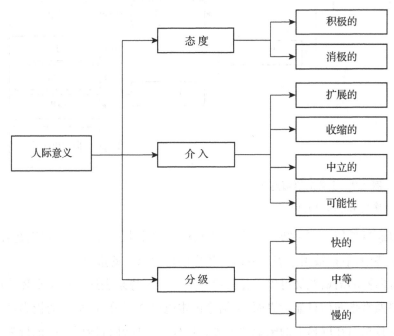

图 4.6　手势中的人际意义
摘自 Lim(2019:105)

(五) 手势的语篇意义

手势的语篇意义仅涉及交际性手势而非表演性手势,因为后者不具备指示功能。手势中的语篇意义是概念意义和人际意义的组织资源,这三种元功能意义在交际性手势中同时表达。交际性手势中的语篇意义用"波长"来描述(Martinec,2004),在指示类交际性手势中——用"方向性"和"特异性"来描述(Hood,2011)。手势的语篇意义如图 4.7 所示。

波长的语篇意义遵循 Martinec(2004)的观点,手势根据不同的波长展现信息节奏的流动。当突出强调某种意义时,每个波长都会出现一个峰值。Martinec(2004)还提出了波长的等级,其中较短的波长对应较长波长的峰值。节奏的维

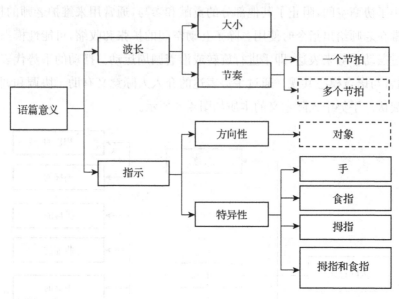

图 4.7 手势的语篇意义
摘自 Lim(2019:105)

度可以通过近似特定手势的节奏节拍或重复动作来进行编码。特别是在言语依赖手势中,节拍被用来表达由语言产生的概念意义的重要性。

方向性的语篇意义可以通过指示的交际性手势来表达。在课堂环境中,指示手势通常指向信息显示界面,包括笔记本电脑在屏幕、白板上的投影,以及可视化工具投射在屏幕上的笔记和手势。这样的方向性目标可以标记行为者(本例中为老师)和所呈现信息之间的物理中介。显示界面上的书面语言、图像、数字和符号等就可以顺理成章地得到关注和重视。

特异性的语篇意义也可以通过指示的交际性手势来表达。Hood(2011:38)认为,身体资源的变化可以被解释为"沿着特异性曲线的变化"。因此,"能实现最高程度特异性的最小身体部位是小指"。特异性可以通过食指、整只手、拳头或特定手指的指示来表达。老师也可以指向学生,有时指向的对象为一个集体,有时聚焦到某个个体。通过食指进行指示的动作,除了具有高度特异性之外,还在概念意义上起到命令作用,在人际意义上起到介入的作用。而用整只手来指示时,这些意义的强度就会降低,因为这时指示的特异性降低了。

六、对教学手势的描述

具身教学是指教师运用各种符号模式来综合设计学生的学习体验。教师使用手势是一种强有力的方式，在课堂上既可以表达指令话语，也可以表达调节话语。教学是一种表演，涉及意义在身体资源中的体现。在教学表演中，教师反思自己在课堂上如何运用手势表达意义，如何恰当、流利地运用手势表达特定的意义，这些都对教师有一定的指导价值。我们所面临的挑战是，了解手势是如何产生意义的，以及在我们为学生设计特定的学习体验时思考如何恰当地使用手势。

这一挑战探讨，在这里，我们将要描述手势如何在教学环境中产生不同类型的意义。教师需要树立这样一种符号意识，以便他们可以在教室环境中手势、语言的使用以及在定位和动作方面逐渐培养适应性和流畅性，展示较为全面的多模态编排效果。

本章的目的是通过教与学的社会符号学视角，同时借鉴现有的 SFMDA 方法中对手势的研究，帮助教师从业者更加深入地理解手势如何产生意义。教学手势可分为表演性手势和交际性手势。教学手势与语言之间的关系可能会提供或限制所表达意义的性质。不同类型手势的意义潜势根据系统网络中的选择进行描述，并根据元功能进行系统地组织。希望教师从业者能够针对手势产生意义的方式，培养出更强的符号学意识，反思他们现有的课堂实践，并设计出一系列更恰当、更流利的手势进行教学。

本章中对教学手势的讨论也希望为教育研究者在多模态课堂数据的识别、标注和分析方面提供分析类别。课堂中的意义和话语都是通过一系列符号模式和语言进行具身表达的。在多模态意义构建的研究中，为了便于比较和整合，在不同的模态描述中应当采用相同原则的理论工具。到目前为止，系统功能理论得到了最广泛的发展，多年来已被证明在语言研究方面卓有成效。因此，将系统功能理论的原理和知识扩展到其他符号模式的研究中是有价值的。这并不是要把一种语言模式强加给其他符号模式，相反，在元功能意义相类似的情况下，尽管不同符号模式的意义实现方式各异，人们总是能够更加敏感地识别和理解。本章根据元功能意义系统描述手势表达不同意义的方式，我们一直致力于开发更好的方法来描述和理解多模态教学话语，这些分析类别虽然仍处于起步阶段,但相信一定能够给教育研究人员提供探索、应用和改进的空间。

思考题
1. 教师在课堂上用手势来表达特定含义的不同方式有哪些?
2. 教师如何更恰当地使用手势帮助学生更好地学习?

参考文献

Abels, S. (2016). The role of gestures in a teacher-student-discourse about atoms. *Chenistry Education Research and Practice* 17(3), 618–628.

Bateson, G. (1973). *Steps to an Ecology of Mind: Collected Essays in Anthropology, Psychiatry, Evolution and Epistemology*. London: Paladin, Granada.

Birdwhistell, R. L. (1952). *Introduction to Kinesis: An Annotation System for Analysis of Body Motion and Gesture*. Washington, DC: Department of State: Foreign Service Institute.

Birdwhistell, R. L. (1970). *Kinesis and Context: Essays on Body Motion Communcation*. Philadelphia: University of Pennsylvania Press.

Broth, M. & Mondada, L. (2013). Walking away: The embodied achievement of activity closings in mobile interaction. *Journal of Pragmatics* 47(1), 41–58.

Carlson, C., Jacobs, S. A., Perry, M., & Church, R. B. (2014). The effect of gestured instruction on the learning of physical causality problems. *Gesture* 14(1), 26–45.

Christie, F. (2002). *Classroom Discourse Analysis: A Functional Perspective*. London & New York: Continuum.

Cienki, A. J. (2008). Why study gesture?. In Alan Cienki and Vincent C. Muller (eds), *Metaphor and Gesture* (5–25). Amsterdam: John Benjamins.

Cleirigh, C. (2011). Tokens of the Sensor's Sensing: Pictures, Protolanguage, Phylogenesis and Pedagogy. Paper presented at the Friday Afternoon Seminars at the University of Sydney. Retrieved from www. interstrataltension. org/wp-content/uploads/2011/02/TokensOfTheSensersSensing. ppt and www. lingo. info/interstrataltension/ChrisxPeter2/2011 – 03 – 04 @ 1600. mov.

Cook, S. W. (2018). Enhancing learning with hand gestures: Potential mechanisms. *Psychology of Learning and Motivation* 69, 107 – 133.

Cook, S. W. , Duffy, R. G. , & Fenn, K. M. (2013). Consolidation and transfer of learning after observing hand gesture. *Child Development* 84(6), 1863 – 1871.

Dreyfus, S. (2011). Grappling with a non-speech language: Describing and theorizing the nonverbal multimodal communication of a child with an intellectual disability. In S. Dreyfus, S. Hood, and M. Stenglin (eds), *Semiotic Margins: Meaning in Multimtodalites* (53 – 69) London: Continuum.

Ekman, P. & Friesen, W. V. (1969). The repertoire or nonverbal behaviour: Categories, origins, usage, and coding. *Semiotica* 1, 49 – 98.

Ekman, P. & Friesen, W. V. (1974). Nonverbal behaviour and psychopathology. In R. J. Friedman & M. N. Katz (eds), *The Psychology of Depression: Contemporary Theory and Rsearch* (203 – 232). Washington, D. C. : J. Winston.

Ekman, P. & Friesen, W. V. (1978). *Facial Action Coding System: A Technique for the Measurenent of Facial Movenent*. Palo Alto, California: Consulting Psychologists Press.

Ekman, P. & Rosenberg, E. L. (eds) (2005). *What the Face Reveals: Basic and Applied Studies of Spontaneous Expression using the Facial Action Coding System (FACS)*. New York: Oxtord University Press.

Enfield, N. J. (2009). *The Anatomy of Meaning: Speech, Gesture, and Composite Utterances*. Cambridge: Cambridge University Press.

Galloway, C. (1976). *Silent Language in the Classroom*. Bloomington, IN: Phi Delta Kappa Educational Foundation.

Goldin-Meadow, S. & Singer, M. A. (2003). From children's hands to adults' ears: Gestures's role in teaching and learning. *Development Psychology* 39

(3),509-520.

Goodwin, C. (1979). The interactive construction of a sentence in natural conversation. In G. Psathas (ed.), *Everyday Language: Studies in Ethnomethodology* (97-121). New York: Irvington Publishers.

Haviland, J. B. (2004). Gesture. In Alessandro Duranti (eds), *A Companion to Linguistic Anthropology* (197-221). Malden, MA: Blackwell.

Hood, S. E. (2007). Gesture and Meaning Making in Face-to-Face Teaching: Paper presented at the Semiotic Margins Conference, University of Sydney.

Hood, S. E. (2011). Body language in face-to-face teaching: A focus on textual and interpersonal meaning. In E. A. Thompson, M. Stenglin, & S. Dreyfus (eds), *Semiotic Margins: Meaning in Multimodalities* (31-52). London: Continuum.

Inceoglu, S. (2015). Teacher gesture and lexical focus on form in a foreign language classroom. *Canadian Modern Language Review* 71(2),130-154.

Kendon, A. (1996). Reflections on the study of gesture. *Visual Anthropolgy* 8, 121-131.

Kendon, A. (2004). *Gesture: Visible Action as Utterance*. Cambridge: Cambridge University Press.

Klooster, N. B., Cook, S. W., Uc, E. Y., & Duff, M. C. (2015). Gestures make memories, but what kind? Patients with impaired procedural memory display disruptions in gesture production and comprehension. *Frontiers in Human Neuroscience* 8, 1054.

Kounin, J. S., Gump, P. V. & Ryan, J. J. (1961). Explorations in classroom management. *Journal of Teacher Education* 12, 235-246.

Lazaraton. A. (2004). Gesture and speech in the vocabulary explanations of one ESL teacher: A microanalytic inquiry. *Language Learning* 54, 97-112.

Lemke, J. L. (1984). Semiotics and Education: Mnograph in Toronto Semiotic Circle Monographs Series. Victoria University, Toronto.

Lim. F. V. (2011). A Systemic Functional Multimodal Discourse Analysis Approach to Pedagogic Discourse. Doctoral thesis. National University of Singapore.

Lim, F. V. (2019a). Analysing the teachers' use of gestures in the classrooms: A Systemic Functional Multimodal Discourse Analysis approach. *Social Semiotics* 29(1), 83 – 111.

Lim, F. V. (2019b). Investigating intersemiosis: A systemic functional multimodal discourse analysis of the relationship between language and gesture in classroom discourse. *Visual Communication* 0(0), 1 – 25.

Macken-Horarik, M. (2004). Interacting with the multimodal text: Reflections on image and verbiage in ArtExpress. *Visual Communication* 3(1), 5 – 26.

Martin, J. R. (1995). Interpersonal meaning, persuasion, and public discourse: Packing semiotic punch. *Australian Journal of Linguistics* 15, 3 – 67.

Martin, J. R. (2000). Beyond exchange: APPRAISAL systems in English. In S. Hunston & G. Thompson(eds), *Evaluation in Text* (142 – 175). Oxford: Oxford University Press.

Martin, J. R. & White, P. R. R. (2005). *The Language of Evaluation, Appraisal in English*. London & New York: Palgrave Macmillan.

Martin, J. R. & Zappavigna, M. (2019). Embodied meaning: A systemic functional perspective on paralanguage. *Functional Linguistics* 6(1). Retrieved from http://functionallinguistics.springeropen.com/articles/10.1186/s40554 – 018 – 0065 – 9(accessed: 24 Aug. 2019).

Martinec, R. (2000). Construction of identity in Michael Jackson's 'Jam'. *Social Semiotics* 10(3), 313 – 329.

Martinec, R. (2001). Interpersonal resources in acion. *Semiotica* 135, 117 – 145.

Martinec, R. (2004). Gestures that co-occur with speech as a systematic resource: The realization of experiential meaning in indexes. *Social Semiotics* 14(2), 193 – 213.

Matsumoto, Y. & Dobs, A. M. (2017). Pedagogical gestures as interactional resources for teaching and learning tense and aspect in the ESL grammar classroom. *Language Learning* 67(1), 7 – 42.

McCafferty S. G. & Rosborough, A. (2014). Gesture as a private form of communiction during lessons in an ESL-designated elementary classroom: A sociocultural perspective. TESOL *Journal* 5, 225 – 246.

McNeill, D. (1992). *Hand and Mind: What Gestures Reveal About Thought*. Chicago: University of Chicago Press.

McNeill, D. (1998). Speech and gesture integration. In J. M. Iverson & S. Goldin-Meadow (eds), *The Nature and Functions of Gesture in Children's Communication. New Directions for Child Development*, 79 (11 – 27). San Francisco: Jossey-Bass Inc. , Publishers.

McNeil, D(Ed). (2000). *Language and Gesture: Window into Thought and Action*. Cambridge: Cambridge University Press.

McNeil, D. (2005). *Gesture and Thought*. Chicago: University of Chicago Press.

Mondada, L. (2011). Understanding as an embodied, situated and sequential achievement in interaction. *Journal of Pragmatics* 43, 542 – 553.

Mondada, L. (2016). Challenges of multimodality: Language and the body in social interaction. *Journal of Sociolinguistics* 20(3), 336 – 366.

Neill, S. (1991). *Classroom Nonverbal Communtication*. London & New York: Routledge.

Neill. S & Caswell, C. (1993). *Body Language for Competent Teachers*. London & New York: Routledge.

Nevile, M. (2015). The embodied turn in research on language and social interaction. *Research on Language and Social Interaction* 48, 121 – 151.

Norris, S. (2016). Concepts in Multimodal Discourse Analysis with Examples from Video Conferencing. Yearbook of the Poznań Linguistic Meeting 2 (141 – 165). doi:10.1515/yplm – 2016 – 0007

Novack, M. A. & Goldin-Meadow, S. (2017). Gesture as representational action: A paper about function. *Pychononic Bulletin & Review* 24(3), 652 – 665.

Ochs, E. , Shegloff, E. A. , & Thompson, S. A. (1996). *Grammar and Interaction*. Cambridge: Cambridge University Press.

Roth, W.-M. (2001). Gestures: Their role in teaching and learning. *Review of Educational Research* 71(3), 365 – 392.

Roth, W.-M. & Lawless, D. (2002). Science, culture and the emergence of language. *Science Education* 86(3), 368 – 385.

Schegloff, E. A. (1984). On some gestures' relation to talk. In A. Maxwell & J. Heritage (eds), *Stuctures of Social Action* (266 – 296). Cambridge: Cambridge University Press.

Scherer, K. & Ekman, P. (eds) (1982). *Handbook of Methods in Nonverbal Behavior Research*. New York: Cambridge University Press.

Sime, D. (2006). What do learners make of teachers' gestures in the language classroom? *Intenational Review of Applied Linguistics in Language Teaching*, 44(2), 211 – 230.

Simones, L., Schroeder. F., & Rodger, M. (2015). Categorizations of physical gesture in piano teaching: A preliminary enquiry. *Psychology of Music* 43(1), 103 – 121.

Sreeck, J., Goodwin, C., & LeBaron, C. D. (2011). *Embodied Interaction: Language and Body in the Material World: Learning in Doing Social, Cognitive and Computational Perspectives*. New York: Cambridge University Press.

Stenglin, M. (2008). Binding: A resource for exploring interpersonal meaning in three-dimensional space. *Social Semiotics* 18(4), 425 – 447.

Taylor, R. (2014). Meaning between, in, and around words, gestures and postures: multimodal meaning making in children's classroom communication. *Language & Education*. 28(5), 401 – 420.

第五章
符号学技术

一、学习中的符号学技术

在课堂教与学的过程中，当白板书写逐渐被 PowerPoint 演示所取代，教学意义在哪些方面有所缺失？使用数字符号技术的价值是什么？当新的数字符号学技术，比如学习分析、学习平台和教育应用程序都可以在个人电脑端实现时，又带来了哪些新的可能性？

具身教学关涉教师对设计课程时可用的一系列符号教学资源的高度意识，包括对符号模式的运用，比如说在本书前些章节内容中涉及的教师在教室中的位置和动作，教师在表达特定话语时的手势运用，以及教师在设计学生学习体验时对符号学技术的有意义使用。

符号学技术包括工具和社会实践，即技术本身及其使用途径。符号学技术包括计算机软件和应用程序的使用，从无处不在的 PowerPoint 到学习管理平台，从数字教科书到新兴技术的使用，比如用于学习的增强和虚拟现实产品。符号技术这一概念由 Theo van Leeuwen、Emilia Djonov 和 Kay O'Halloran 在社会符号学的框架内提出，源自他们在 2009—2011 年的一个项目，主要探索微软 PowerPoint 在高等教育和企业环境中的设计和使用。该项目伴有后续的出版物，包括 PowerPoint 如何表达神韵（Djonov & van Leeuwen, 2011），如何表达布局（Djonov & van Leeuwen, 2013），以及如何运用有限的资源实现创造力和艺术性(van Leeuwen, Djonov & O'Halloran, 2013)。最近, Djonov 和 van Leeuwen(2022)还提出了一种研究符号学技术的社会符号学模型,即创造意义的技术,包括基于符号学实践的设计、使用和社会文化背景的考量。

然而,符号学技术在本质上并不需要数字化。它们也可以包括使用一些熟悉的工具,比如铅笔,在课堂上用于意义的构建(Djonov & van Leeuwen, 2012)。传统的学习符号技术包括比如古老的黑板、如今无所不在的白板以及教科书和练习本等资源。这些符号学技术被用于推动师生意义的构建,特别是呈现知识点和教学关系。随着在教室中越来越多地使用投影仪和交互式白板(一种可以充当电脑界面的大屏),教室中白板的数量在减少,使用次数在降低。本章节将采用社会符号学视角来看待白板使用的得与失(Kress, 2005),讨论白板作为一种符号学技术,是如何在教师教学过程中产生独特意义的。

符号学技术概念的核心是认识到这些技术不仅仅是创造意义的渠道,它们本身也是符号艺术以及社会活动的实践成果(Poulson, Kvale & van Leeuwen, 2018)。以课堂为例,符号学技术是一种交流观点和经验的方式,一种师生教学关系的呈现方式,以及一份在学习经验组织过程的助力。由此,教师在课堂上运用社会符号学方法使用符号学技术,可以通过这些资源引入概念意义、人际意义和文本意义,从而设计学生学习体验。

符号学技术中的另一个关键概念是基于价值和机会成本的可供性。符号学技术中的可供性概念借用了美国心理学家 James Gibson 在他 1966 年《被认为是知觉系统的感官》一书中提出的"可供性"这个初始概念。在这本书中,他根据环境给动物"提供什么"来描述可供性。对 Gibson 来说,可供性并不以使用者是否认识或使用为前提,而是作为资源提供的一部分而存在。Donald Norman 是加利福尼亚大学的认知学专家,他扩展并普及了 Gibson 的观点来研究人机互动,在他的开创性著作《日常用品的设计》(1988)一书中,可供性被描述成"行动可能性",即你用(数字)工具可以做什么,不可以做什么。在社会符号学的范畴内,Gunther Kress 运用了符号模式可供性的概念,比如说,文字和图片能以及不能作什么。Kress 解释说:"不同的模式不仅允许我们做不同的事情,还能保证不同的事情得以完成。"(2015:88)

本章主要讨论教师可以在教室中使用的符号学技术,从而设计学生的学习体验。在每一间教室内都有可以使用的符号学技术,包括教师的电脑、白板、用于投影的屏幕。尽管教室中都有默认设置,我们还是希望教师对这些符号学技术的意义潜势保持高度敏感,从而去思考有意义地使用这些技术,并在对教学有帮助的情况下,改变这些技术的默认设置。本章致力于探讨怎么让教师更好地意识到如何在教室环境内利用可供性来挖掘最适合不同类型学习的学习环境设计。

二、通行的数字符号技术

"死于 PowerPoint"这一说法最早来自公共演说家 David Greenberg(2002),立刻引起了每一个不得不忍受无聊幻灯片演示的人的共鸣。一旦谈及课堂上的数字技术,微软的 PowerPoint 就会立刻浮现在脑海里。

Emilia Djonov 和 Theo van Leeuwen 在对 PowerPoint 的研究中发现,PowerPoint 中普遍使用的要点部分(bullet points)是由 Exxon Mobil 的经理研发的(Djonov & van Leeuwen,2014),最初由那位经理的名字 A. F. (Korky) Kaulakis 命名,即"Korky Dots"。Korky 建议他的同事们在公司宣传时用要点来强调关键观点,从而更有效地呈现推销信息。这一切发生在 1958 年美国的商业会议上,半个多世纪后的今天,要点的使用已经是 PowerPoint 中不可或缺的功能,它的使用可以跨越情境和文化。

PowerPoint 是为了销售而研发,并非为了教学,这件事重要吗?将曾经用于销售时突出重点的 PowerPoint 应用到今天的教学过程中合适吗?这种适应过程会如何改变课堂中教学交流过程的本质?从更广阔的范畴来看,这映射出教学话语的市场化。课堂上教与学的方式越来越符合经济交易话语的本质,因为这两种环境使用了类似的符号学技术。教育者需要思考的一个问题是,PowerPoint 作为一种主导的符号学技术,让我们得到了什么,又失去了什么。

这并不是说那些原本不是为了学习而设计的资源就不能用于教学目的。我们也无法期望所有在课堂上使用的符号学技术都是为了教学而设计的,或者扩展开说,为了特定的学生身份、能力水平或者是学科主题而设计都是不切实际的。从零开始定制的工具手段可能会确保它服务的针对性,但也通常会涉及成本、时间和质量方面的权衡。

从社会符号学的角度来看,无论符号学技术是为了学习而设计的,还是拥有可应用于学习的可供性,都可以被有经验的教师作为其资源储备的一部分来设计有意义的学习体验。可供性与学习目的相匹配最为关键。无论符号学技术是为了学习设计的还是后来被适用于学习的,重要的是反思它在交流知识、促进和制定师生之间特定教学关系以及在组织学习经验方面的贡献的适合性和价值。从根本上说,评估符号学技术内在的教学价值和成本也至关重要。

在本章中,依据 Zhao、Djonov 和 van Leeuwen(2014),Zhao 和 van Leeuwen(2014)的研究,PowerPoint 展示主要用来指 PowerPoint 软件和 PowerPoint 演示文稿。特别是 PowerPoint 软件和 PowerPoint 演示文稿这种人造符号是为了在软件设计、软件组成和演示方面"规范符号实践"(Djonov & van Leeuwen,2022)。后两者是本节讨论 PowerPoint 作为学习数字符号学技术的重点。

PowerPoint 演示的运用,扩展到其他所有符号技术学的使用,都主要是通过教师在教室用计算机投影到大屏幕上表达和交流知识,占据空间较大。简单来说,屏幕的使用会限制其他知识展示和其他方式呈现的空间和范围。从实地来看,教室里的屏幕通常占据了整个教室的正前方区域。当拉下屏幕使用时,就掩盖住大量白板空间,可用的白板空间所剩无几。虽然屏幕在不使用时可以收起,但因为老师会花费不少时间和精力设置演示文稿,加之要使用部分白板,通常不会干预教室中原有的教具设置。如此,教师将屏幕作为交流知识的主要媒介来讲授整节课而很少使用白板的情况并不少见。因此,我们要探讨的核心问题是:使用特殊符号技术的价值和时间成本是什么?下一节将要讨论:将白板作为一种符号学技术用于教学的成本问题。

(一)PowerPoint 的价值

教师通过在教室中使用 PowerPoint 演示文稿获得了什么呢?毫无疑问,PowerPoint 的流行反映出教师一定觉得它是有用的,所以在不同的学科和年级中都会用到它。幻灯片的可供性较大,除了老师的讲解,幻灯片还可以通过文字、图片、动画,还有声音实现知识的多模态可视化,有助于学生对观点内容的学习和对特定概念的理解。因而,PowerPoint 的符号学技术的可供性就体现在它可以实现知识集中且多模态的可视化。

使用 PowerPoint 演示文稿还可以清晰地表达用于交流的学科知识的结构和顺序,用于组织和排序课程的各个阶段,比如在课程中为小组任务、课堂讨论和课堂检查计时。多媒体,比如视频片段,可以通过 PowerPoint 实现无缝嵌入和播放。这些都有助于实现课程有逻辑地组织和铺陈,从而帮助教师理顺思路和记忆,更有序地将准备好的知识点有计划地传授给学生。因此，PowerPoint 演示文稿符号学技术的可供性在于它提供了知识的逻辑排序并阐明了课堂阶段的顺序。

与 PowerPoint 符号学技术可供性相关的是它确保内容的特定的基准线以及一致性。幻灯片内部至少是统一的，不同的教师会使用同一套幻灯片背景。从管理者的角度来说，这种可供性在某种程度上又和教学差异较大，可以提供系统性的价值。学生的学习经历毫无疑问会因为教师如何使用其他符号学技术来表达他们的教学观点而有所不同。然而，管理人员以及家长需要知道，可以肯定的是教师会使用相同的教学资源以及同一套教学内容来教授水平差不多的学生。换言之，PowerPoint 演示符号学技术的可供性在于教学资源的可复制性以及优质教学内容潜在的可传播性。

(二) PowerPoint 的成本

在 PowerPoint 演示文稿中，机会成本是什么呢？一言以蔽之：灵活性。教师在课堂上可能会在课程的某个环节回应不及时，比如没有回答学生的问题来阐明观点；而在回答学生问题时，教师可能只是口头回答，特别是当屏幕阻碍白板使用时；有时围绕学生问题的讨论可能会引出其他的学习路径以及知识轨迹，从而偏离教师在 PowerPoint 演示中的固定内容和学习顺序，这种偏离会使得教师难以适应。因此，作为一种符号学技术，PowerPoint 的使用必须包含对教师教学主题的某种服从，抑制了教师对学生可能临场提出问题的反应、课堂讨论以及非计划内的课程进展。

使用 PowerPoint 也倾向于偏爱一种特定的教学方式，即通过相对不变的幻灯片内容呈现，专注于准确、全面、典范的知识思想的传播。随着 PowerPoint 符号学技术的普及，教师在课堂上往往会依赖演示幻灯片，并常常以向学生展示知识而结束，几乎达到了"销售内容"的程度，而不是促进一种以探究为基础的学习方法，这会对学生如何理解教学的本质产生影响。特别是伴随 PowerPoint 这种符号学技术的使用，教师和学生之间呈现出一种权威的、以教师为中心的、相互远离的教学关系。

(三) 用 PowerPoint 创造意义

通过表达概念意义和人际意义，PowerPoint 演示文稿作为文本元功能为教师计划组织学习体验而服务。通过屏幕上 PowerPoint 演示文稿的多模态呈现，学生的学习体验局限于教师对知识内容说教式的呈现。除非 PowerPoint

与其他致力于以探究为基础的学习方法的课程活动相结合,否则教师的教学方法就会倾向于一种传播的学习模式。

鉴于 PowerPoint 是最受欢迎的符号学技术之一,本章节关于符号学技术的评估讨论以 PowerPoint 演示文稿为例进行说明,其中很多与以大屏幕为媒介的符号学技术有关。比如,当教师使用教育视频或学习平台,并将这些平台投影到教室的大屏幕上,也会产生类似的机会成本。这些特定符号学技术的可供性可以促使当前的教学实践更加富有成效。一些数字平台,比如谷歌和 YouTube 就可以通过文本与视频共同标注的特征来提高学生社会学习的能力。其他具有可供性的符号学技术也可能产生新形式的教学实践,比如通过虚拟现实软件和耳机实现身临其境的学习,或者在教学游戏中使用奖励和徽章来激励吸引学生。尽管这些数字符号技术被用来扩展教师的资源,我们也应该注意到每种符号技术会不可避免地带来机会成本,认识它们对学生学习经验的影响就显得至关重要。

三、新一代数字符号技术

摩尔定律提出,计算处理能力每两年就会翻一番,而且很可能继续呈指数增长。摩尔定律以英特尔前首席执行官 Gordon Moore 的名字命名。Moore 在 1965 年写了一篇论文,描述了大密度集成电路中晶体管的数量每两年增加一倍的趋势。摩尔定律解释了数字时代技术的迅猛发展。富有创新精神的教师会引入新的符号学技术,他们热衷于利用这些资源的可供性来探索新的教学方式,并努力规划如何利用这些资源和实践来为他们的学生设计新颖的学习体验。本节要讨论的新数字符号学技术就是学习分析技术。

Phil Long,一位教授出身的教育技术顾问,George Siemens,学习分析技术研究协会的创始人,这两位最早将学习分析技术定义为"测量、收集、分析、报告学习者及其背景的数据,来理解和优化学习以及学习环境"(Long & Siemens, 2011)。自此,全世界对人工智能在教育中应用的偏好使得学习分析这一概念在全球前瞻性的学校和教育系统中被推广。随着学习平台数量的激增,以及翻转学习和慕课(MOOCs)的日渐流行,学习分析已经成为一种新的数字符号学技术,为新媒体联盟的地平线报告和开放大学的创新教学法报告等技术预测报告所提倡,而这些报告正掌握着重塑未来教育的力量。

学习分析的数字符号学技术在课堂环境中是什么样子呢？一项在新加坡学校的实例就是 WiRead 平台，本人也正是该平台的联合首席研究员之一。WiRead 是一个基于网络的协作阅读平台，它的构架基于 Paul 的"推理的车轮"(Wheel of Reasoning)(1997)，提供给学生用以研讨文本时使用。开发该平台的南洋理工大学国家教育学院的研究人员表示，WiRead 的目标是"激励和支持学生围绕多模态文本和同伴开展更丰富、更优质的对话和互动，从而加深他们对于协作阅读和批判性阅读的个人关联以及鉴赏品味，并将其作为一种高度相关的、富有生产力的、有意义的社会实践"(Tan，Koh，Jonathan & Yang，2017：119)。

（一）WiRead 的价值

WiRead 平台需要每名学生都能接触到个人电脑装置。学生在平台上访问可能包含视频的多模态文本，并输入他们的问题和评论。同时，他们也会阅读并评论同龄人对文章的反馈。WiRead 的平台界面如图 5.1 所示。

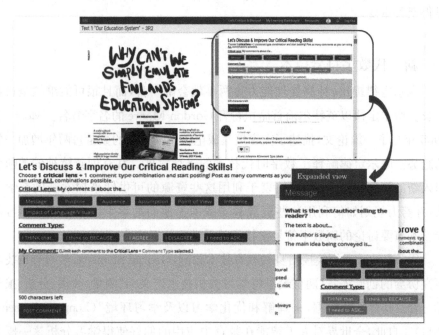

图 5.1　WiRead 界面

见 Tan、Koh、Jonathan 和 Yang (2017：120)

WiRead 提供了一个学习分析板，学生在平台上的行为会被记录下，进行定量分析，并通过可视化的统计结果在他们的标注类型中呈现出来。平台还会为学生提供个性化的报告,其中包含班级平均表现的信息,并向教师提供汇总报告。图 5.2 为范例。比如学生可以根据评论和答复来知晓其个人参与度,同时他们还可以根据一个简单的字数统计指示来统计自己的评论数量,根据 Paul 的"推理的车轮",学生们还能将评论进行自行分类。以上这些不同评论的汇总都可以作为"批判性思考"的指标而得到可视化展示。

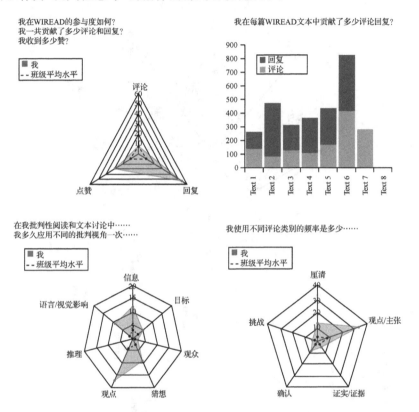

图 5.2 学生动作的数据可视化图

见 Tan、Koh、Jonathan 和 Yang(2017:120)

此外,WiRead 平台是可以窥见课堂上学生之间关系和互动情况本质的一个窗口。为了实现这个目的,平台中会提供基于互动模式(学生之间的评论和回复)以及学生之间的同伴关系(基于学生提及谁以及与其他同学的讨论频率)的社交网络分析,并同时可以生成一张社交网络学习地图。图 5.3 显示教师接收到的报告,学生也可以进行访问。

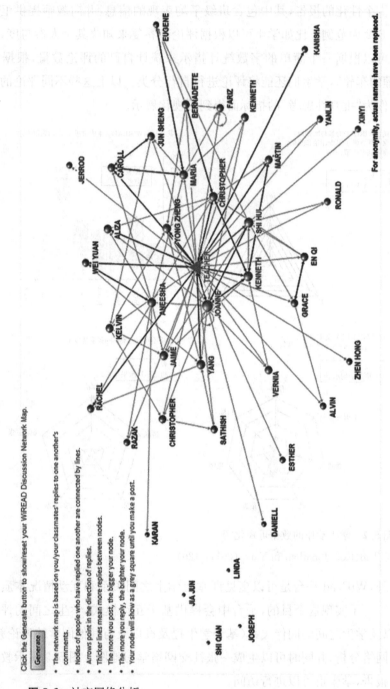

图 5.3 社交网络分析

见 Tan、Koh、Jonathan 和 Yang（2017：120）

WiRead 代表了一种新的数字符号技术，它提供基于人工智能的学习分析。从元功能意义来看，学生的知识和思想可以通过平台环境得到表达。WiRead 的符号学技术有助于提高当前学生对多模态文本阅读和讨论的能力。此外，依据 Paul 的"推理的车轮"，鼓励学生为其评论分类，停下来思考他们的评论属于什么类型。虽然这种学习方式也可以通过笔和纸实现，但数字符号技术的使用可以对输入的数据进行分析，并随后在雷达图中实现可视化呈现。这些基于学习分析的可视化呈现又会在学习层面上进一步促进学生的元认知和实践。从某种程度上说，将数据呈现为学习活动后的可视化是 WiRead 的主要价值，也是学习分析的一个关键功能。

数字符号技术也应当依据其可供性来进行评估。学习分析的一个关键功能是，它提供了一套可视化方法，学生可以用来反思自己的表现，监测自己的进步和成长，并在数字化学习体验中整合自己的付出、行为以及与同伴的互动。这些大数据都是自动收集的，并可以根据软件制作人设计的分析类别进行分析。

综上所述，学习分析的符号学技术可以基于学生在平台上的活动生成数据，从而分析学生的个人情况。这对教师设计及时的干预措施和有针对性的补救措施来帮助学生是有益的，而学习分析正是实现这一目标的关键。

（二）WiRead 的成本

虽然分析的可供性是有价值的，但其用途则是以所开发分析类别的意义为前提的。比如，虽然字数允许发表更长篇的评论，但从理论上讲，有可能长评论在内容质量上却不尽如人意。就此而言，通过计算评论字数来挑选内容质量高的评论是错误的。此外，当学生意识到他们与同龄人的联系被看作是衡量标准时，他们可能会反过来操纵系统，比如与他人进行毫无真诚且毫无意义的互动关联。

统计学生的个人情况可能还会导致皮格马利翁效应，即更高的期望会带来更好的结果，而更低的期望会导致更坏的结果。心理学家 Robert Rosenthal 和 Lenore Jacobson 描述了教师对学生的期望可以成为其自我实现预言的现象（Rosenthal & Jacobson，1968）。例如 Prinsloo 和 Slade（2013）指出教师的性别偏见对男孩的学业成绩有积极影响，而对女孩的学业成绩有消极影响。因此，使用学习分析的符号学技术一个令人担忧的后果是，它可能创造新的偏见和刻板印象,从而损害边缘学生的利益。此外,如果通过监测学生学习情况生成的学生数据不能完全反映类别的准确性,可能会加剧皮格马利翁效应。更糟糕的是,它可能错误且类别化地把不利因素归咎于学生。因此,使用这种符号学技术的基本问题是:系统中收集的可视化数据能够合理地回答哪些问题?与该问题相关的还有:教师希望从学生的学习和性格方面了解和衡量的内容,是否能够由现有数据恰如其分地回答?

(三) 用 WiRead 创造意义

通过 WiRead 的使用,师生之间的教学关系主要通过屏幕界面来调节。当老师使用数字符号技术时,大部分的互动发生在学生和计算机设备之间。尽管如此,比起在常规课程,此时学生可以与多模态文本实现互动,与更多同龄人实现更频繁的接触,而他们与教师直接接触的程度则出现明显降低,这将使得师生关系从以教师为中心转变为以学生为中心。就 WiRead 对组织学习体验的贡献而言,通过使用这种数字符号技术,教师更多地扮演了学习促进者和学习体验设计师的角色,而非仅仅是讲台上的智者。

(四) 教室中的个人电脑设备

像流行的数字符号学技术一样,新的数字符号学技术也可以从元功能意义的社会符号学视角来评估其意义及其可供性。PowerPoint 是将老师的电脑屏幕投影到大屏幕上,与之不同的是,WiRead 作为一种符号技术提供了一个不同的学习环境——一对一的学生计算设备。在课堂学习环境中,特别是在中学及之后阶段,学生开始使用个人计算设备。伴随人们购买力的提高和符号学技术范围的扩大,就工具、实践和资源而言,个人电脑设备正越来越普及。

研究已经调查了个人电脑设备使用的影响,例如,Zheng、Warschauer、Lin 和 Chang(2016)对文献进行的元分析中认为,有许多研究指出使用个人笔记本电脑对教学和学习有积极影响。例如,Bebell 和 O'Dwyer(2010)发现,拥有电脑设备的学生在课堂上越频繁使用电脑,数学成绩会越高。Rosen、Beck-Hill(2012)和 Shapley、Sheehan、Maloney、Caranikas-Walker(2011)也观察到在课堂上使用个人电脑设备的学生拥有更多机会提高学习自主性,锻炼协作学习技能。

无论如何,在教师使用符号学技术设计学习环境时,很重要的一点是需要注意 OECD 2015 年提到的关于"学生,计算机和学习:建立联系"的报告。报告指出,尽管科技对学生产生的影响不尽相同,但"科技可以放大优秀的教学"。多种因素的共同作用影响着技术和个人设备在教学中的有效使用,这些因素包括教师的能力和准备工作,以及获取和有效使用优质的符号技术——数字工具、实践和资源。

(五) 课堂中的人工智能

当今数字时代,人工智能的进步为教师提供了令人振奋的创新符号学技术,可以为学生设计新的学习体验。学习分析技术只是创新型教师探索的数字符号学技术之一。其他形式的数字符号技术在教师群体中也越来越受欢迎,尤其是那些学生可以在课堂上使用电脑的技术,包括语言反馈技术工具、教育应用程序和数字游戏(Selander, Lim, Wiklund & Fors, 2018)。

新的数字符号学技术通常会受到教师的质疑,因此找到正确而有意义的方法使用这些工具很重要,既要考虑到这些工具是如何呈现知识、构建教学关系以及组织学习经验的,还要考虑到这些工具自身的可供性。例如,教师在英语课堂上使用语言反馈技术一直存在争议,于是国家英语教师委员会(NCTE)便发出立场声明,反对在教育中使用机器评分(NCTE, 2013)。

新加坡教育部教育技术部门的首席专家 Jean Phua 认为也不能良莠不分,全盘否定技术的使用,于是我也开始探索如何通过使用语言反馈工具(LiFT)来教写作,为学生设计有意义的学习体验。

Lim 和 Phua(2019)引进术语"语言反馈工具",将其作为一种"只关注学生写作的识别和反馈而不提供基于学生学习内容质量和修辞有效性分数"的自动评分工具。如此,LiFT 中的人工智能通过纠正语法、拼写和句法来补充教师的作用,而教师则关注学生写作中的思想和风格。考虑到该文中讨论的 LiFT 的可供性,Lim 和 Phua(2019)认为 LiFT 这种符号学技术应该被用于写作方法的教学,特别是写作起草和修改的阶段。

(六) 用于课堂的教育应用程序

同样的,教育应用程序作为一门新兴的符号学技术,在教育工作者中也存在争议。因此,探索社会符号学方法如何给教师提供一种途径来评估这些用于学习的符号学技术还是非常有趣的。例如在正进行的研究项目"利用跨媒体叙事促进读写能力的发展:从多模态方法中提取教学方法"中,我们探索了如何描述元功能意义以及教育应用软件的可供性。在此过程中,Lim 和 Toh(已提交出版 a)提出了一个围绕元功能而组织的框架来探索教育应用程序的意义。这个框架后来被扩展为 Lim 和 Toh(已提交出版 b)的一组评估教育应用程序的系列问题。图 5.4 再现了教育应用程序作为符号学技术的使用问题,这些问题由元功能组成并表达,供教师思考如何用教育应用程序呈现知识、制定教学关系,以及优化学习体验。通过这一系列的问题,教师也可以同时思考教育应用程序的可供性,以及如何将其正确应用到学生学习的过程中。

教育应用程序的评估问题由再现(概念意义)、介入(人际意义)和组合(文本意义)组织构成。再现包括目的、学习假设、价值观和社会情感学习。目的是指教育应用程序的教育价值及其提供的学习类型。一款设计良好的教育应用程序可以提供不同类型的学习资源,包括词汇、多模态符号意识、文化和道德价值观、社会情感技能、决策能力、创造力、沟通协作能力、逻辑思维、批判性思维和解决问题的技能。学习假设是指教育应用程序应当用来促进不同类型学习的方法产生,这些方法可以基于传播学、行为学或社会建构理论。价值观是指在应用程序中所推广的有意或无意反映社会意识形态的课程,这些价值观和意识形态通过教育应用程序传递给孩子,从而将他们社会化并培养他们的社会情感技能,使他们成为社会群体的一员。社会情绪化学习旨在支持儿童读写能力的发展,培养他们的创造力、批判性思维和情绪意识,特别是让他们学会如何分辨和表达情绪,对发展儿童社会情绪能力非常重要。

介入包括互动和激励。交互性是指应用程序促进主动互动而不是被动观看。儿童可以通过动作、运动和游戏进行学习。优化儿童学习的教育应用程序可以围绕 iPad、平板电脑和智能手机等科技设备的可供性来设计,将身体活动和其他互动模式结合起来,以培养儿童的思维(Hirsch-Pasek 等,2015)。互动是指社交互动,积极参与(Hirsch-Pasek 等,2015),并引导游戏(Dickinson 等,2013;Nicolopoulou 等,2018),这是支持儿童在教育应用程序中学习的重要方面。一个好的教育应用程序应该允许并支持儿童照看者共同学习,以及与其他同龄人的合作。激励是指应用程序能够激发儿童持续参与和学习的潜力,这些应用程序的一些功能可以激励儿童,包括正式以及非正式环境中的游戏元素和相关学习。

组合包括平台的易用性、适应性或个性化以及应用程序的设计。易于使用的应用程序有简单直观的用户友好界面。简单直观的应用功能设计直接影响用户使用应用程序时的体验感和满意度,因为它们降低了认知要求,使得用户掌握应用界面功能的学习曲线最小化。适应性是指应用程序的功能可以支持和适合不同年龄段的学习。当应用程序的设计或适应性架构可以基于互动反馈循环个性化(Kucirkova,2019)服务于不同知识水平和年龄时,儿童的学习就得到了支持(Chew & Mitchell,2019)。应用程序的设计很重要,因为美学对学习者的情绪有很强的影响,会影响他们的认知和学习过程(Wang, Chen, & Yue,2017)。

再现功能

1. 思考目标:应用程序可以提供何种学习?
2. 思考学习假设:应用程序可以提供相关的学习吗?如果是机械式的学习,那么它可以提供有意义的反馈和练习吗?
3. 思考价值:应用程序能促进何种预想的和伴随而来的观点?
4. 思考社会-情感学习:应用程序能够建立起情感意识吗?

人际功能

5. 思考交互性:应用程序能够激发互动,而不是被动观看吗?
6. 思考互动性:应用程序能够激发与看护者的共同学习,能够与同伴一起使用吗?
7. 思考动机:应用程序能够激发在应用程序之外的持续性参与和学习吗?

语篇功能

8. 思考使用便捷性:应用程序使用便捷吗?
9. 思考适应度/个性化:应用程序支持不同阶段相适配的学习吗?
10. 思考设计:应用程序有足够的吸引力吗?

图 5.4　教育程序评估

见 Lim & Koh(已提交出版 b)

四、传统的符号学技术

"技术"一词来源于希腊文"techne"和"logos"。"techne"指的是工艺,"logos"指的是文字。因此,从字面上看,技术是指通过工艺表达文字的方式,也就是说,通过我们使用的工具来表达知识的方式。作为意义建构的技术,符号学技术并不总是数字化的。在本节中,我们将研究作为传统符号学技术的白板。

白板在每间教室中都是普遍存在的，且在大多数教学环境中不可缺少。从社会符号学角度，我们应将白板看作一种符号学技术，而不只是把它作为一个意义建构的界面。它不只是一种符号学技术，也在调节师生间的符号学过程中充当有效的符号学资源。因此，本节将讨论知识的呈现方式、教学关系的制定、对组织学生学习体验的贡献，以及白板作为传统学习符号技术的可供性。

白板，和它的前身黑板，自古以来就在教室里。白板和黑板的主要区别在于写字的工具——记号笔或者粉笔。粉笔会产生灰尘，令老师和学生不太舒服，记号笔则也许是一种更清洁、更健康但不太环保的选择。在巴比伦和苏美尔的古代教学过程中，白板的最早版本是泥板，一种教师用来记录文字的工具。泥板可以被浸湿，在另一节课上反复使用。位于教室前面中心位置的巨大泥板经历了几个世纪的时间考验。

有些人可能会说，最新版的白板是交互式白板。然而，鉴于交互式白板的功能更像是触屏电脑，只是在形式上看起来像传统白板，它被认为是一种完全不同的符号学技术，具有不同的意义建构潜能。尽管如此，交互式白板的使用一直存在争议。这并不奇怪：正如本章前一节所讨论的，新的符号学技术通常会招致批评，参见以下文章中的例子：Beauchamp 和 Parkinson(2005)；Smith、Higgins、Wall 和 Miller(2005)；Dostál(2011)。

(一)用白板呈现知识

下文将从社会符号学角度讨论白板在教学意义构建中的意义以及它的可供性。从知识呈现的概念功能出发，教师可以通过以下几种方式呈现知识：(1)知识的强化；(2)知识的重述；(3)知识的解释和阐述；(4)知识的组织；(5)知识的除歧；(6)知识的展示；(7)知识的评价。

当教师或者学生所说的相同的单词呈现在白板上时，知识就会得到强化。尽管通常写在白板上的仅仅是要点，但这些内容主要是对所讲内容的重复。这种重复类似于 Lemke(1984)所描述的"冗余"，他认为这是教学过程中的一个必要过程，尤其是在获取新知识和理解方面。

通过白板来重新架构知识还可以帮助学习专业词汇。这类似于强化知识，只是写在白板上的字不是重复所说的话，而是以适当的、专门的，通常是技术性语言来进行概括。Christie(2002)观察到，老师会定期将学生的答案改写为学科中的专业术语。Christie(2002)认为,从日常词汇到一门学科中专业术语的转变是学生在一门学科学习过程中进入学徒阶段成功的标志。实现这一目标的其中一种方式是通过白板作为媒介进行多模态重构。尽管知识重构在课堂对话的开始、回应,反馈(IRF)序列(Sinclair & Coulthard, 1975)中很常见,但教师可以考虑使用白板将知识从口头到书面进行重新表述。

白板也可以用来解释和阐述知识。这里指教师使用白板向学生提出教学要点,比如一个概念。教师不只是口头解释知识,还可以用白板增加细节,进一步解释引入的知识。Kress(2003)描述了口语、写作和绘画在可供性方面的天然差异以及最佳使用路径,比如,口语和写作更擅长表达范畴意义,而绘画更擅长表达空间意义。因此,当教师通过白板对知识进行解释和阐述时,运用这三种符号共同部署,就会优化学习过程。

白板还可以帮助老师组织知识。例如,在课堂讨论中,教师可以用白板呈现一个带有标题的图表来组织汇总学生提出的观点。也就是说,白板可以用来对课堂中的已知信息进行结构展示和组织分类。白板还支持教师绘制连线图,也就是思维导图,用来组织从课程中学到的知识。教师使用白板将知识定位在白板上的特定区域,以便画出并展示这些知识点之间的联系。连接图是一种教学手段,可以突出知识之间的组织构架,阐明不同观点之间的互联方式。Lindstrφm(2010)的研究肯定了连接图作为教学组织模块的能产性。教室里白板的大小和重要性也使其成为绘制连接图的天然场所。

白板也可以用来消除知识的歧义。与口头表达不同,书面形式是明确且没有歧义的。从某种意义上说,这与强化知识的功能类似。然而,在这种情况下,主要目的是吸引学生对于单词写法的注意,特别是它的拼写。例如,当老师在口语中提到技术性词汇或者困难词汇时,她可以把这个词写在白板上以便学生清楚理解如何拼写这个单词。因为英语课堂非常注重语言,因此这在英语课堂上尤其常见,但在跨学科的其他学科课堂上也是一种有用的教学实践。白板可以推动专业词汇的学习,通过跨模态的重复强化它,即发音和书写,同时还消除它的歧义。

除此之外,白板还可以用于知识的展示和评估。前者是指老师利用白板来演示一个特定问题的解决方法。在数学课上,老师在白板上写下详细的讲解过程,从而传授知识,通过问题展示来学习。类似的,知识评估是指学生被叫到白板前写下他们对老师提出问题的答案。从某种意义上说,对学生理解程度的非正式评估是通过白板实现的。白板的此种用法在数学课上很常见,但语言课上也可能出现。例如,当老师用白板来分析一个特别复杂的句子,并将其分解成词组来解释其意时,或者学生被要求到白板前写出下一个单词的拼写时。

(二) 通过白板制定教学关系

使用白板时,师生之间的教学关系是以教师为中心和权威,社会距离较远。当教师将白板作为一种符号学技术使用时,往往是用前面所描述的方式来呈现知识,从而扮演知识权威的角色。知识传播教学法的教学重点通常是在此传播方法中实现的。因此,当使用白板时师生之间的人际关系往往是正式的,语旨(参与者身份及其关系)较高。白板的使用也会倾向于将教师限制在教室前方的权威空间内。

这与教师使用 PowerPoint 幻灯片和屏幕作为符号学技术的教学方法非常相似。然而,与使用 PowerPoint 幻灯片不同的是,教师通常会进行个人表达,而白板的使用则可能会引发课堂讨论,当"教学时刻"出现时可以及时应对,同时教师也可以根据学生的问题轨迹来调整自己的教学。因此,在白板使用过程中,教师与学生能够一起积极构建知识,从教师在白板上写的内容和标注的时间就可以明确观察到知识构建的过程。相反,幻灯片上的知识是老师事先准备好的,因而学生无法看到知识构建的过程。

(三) 用白板组织学习过程

教师使用白板作为符号学技术对组织学生的学习体验也有贡献。和 PowerPoint 与屏幕的使用相类似,白板的使用方便了教学活动,并且更倾向于以讲授和教师为中心,而不是以学生为中心。近年来,随着社会建构主义学习方法的发展,讲授式教学渐渐蔓延出消极的教学联想。然而,显性的教学指导并不总是不好的。Cope 和 Kalantzis(2015)提出了一种"反思性教学法",提出教授式和探究式教学法这两种教学法适用于教学的不同阶段。因此,作为学习过程的设计者,教师应该理解并认识到不同符号学技术是如何支持教学式教学法的,并有意识地努力探寻其他符号学技术,例如利用学生的个人计算机设备,用于支持探究式教学法。

五、使用符号学技术设计学习

符号学技术作为社会实践的一部分,是一种以特定方式进行使用的工具。从社会符号学的角度来看,符号学技术可以被教师用来呈现知识、定义教学关系,并有助于组织学生的学习过程。符号学技术固有的是它的可供性。符号学技术的使用将使教师致力于实施其制定的教学方法,并影响学生的学习环境和他们的学习体验。

在大多数城市学校的教室里,都有一些流行的符号学技术,包括数字化的和传统的。这些设备有白板、屏幕、投影仪以及教师用和学生用的计算机设备。本章希望能引发教师反思使用这些符号学技术的得与失,并以一种不断进取的心态考虑如何利用这些资源的可供性来设计有意义的学习体验。

如今教学技术发展迅猛,新工具和新应用层出不穷,可以不断创新教室中的教学活动。这些技术包括使用社交媒体、分析软件、增强现实与虚拟现实,以及以教育为目的的人工智能机器人。随着时间的推移,这个名单还会不断增长,变得更加有趣而激动人心。虽然材料科技产品将继续改变,从理论视角理解这些作为符号学技术的资源可以帮助我们在理解元功能时持有一致的标准,了解这些符号学技术可以提供什么,并反思它们能干什么与不能干什么。这一章中我们讨论了理解这些新兴数字工具作为学习的符号学技术的价值,基于此,我们可以根据它们的教学价值,在课堂上使用或者抵制它们,最终的目的是加强老师对已有符号学技术的把握,并思考作为学习体验的设计者,该如何将它们带进课堂。

思考题

1. 符号学技术可以通过何种方式来提升知识的表达?
2. 符号学技术如何塑造师生之间的教学关系?

参考文献

Beauchamp, G. & Parkinson, J. (2005). Beyond the wow factor: Developing interactivity with the interactive whiteboard. *School Science Review* 86 (316), 97–103.

Bebell, D. & O'Dwyer, L. M. (2010). Educational outcomes and research from 1:1 computing settings. *Journal of Technology, Learning and Assessment* 9(1), 4–15.

Chew, E. C. & Mitchell, A. (2019). Bringing art to life: Examining poetic gameplay devices in interactive life stories. *Games and Culture*. 1–28.

Christie, F. (2002). *Classroom Disourse Analysis: A Functional Perspective*. London & New York: Continuum.

Cope, B. & Kalantzis, M. (2015). The things you do to know: An introduction to the pedagogy of multiliteracies. In B. Cope & M. Kalantzis (eds), *A Pedagogy of Multiliteracis: Learning by Design* (1–36). London: Palgrave Macmillan.

Dickinson, D. K., Hirsh-Pasek, K., Golinkoff, R. M., Nicolopoulou, A., & Collins, M. F. (2013, April 19). The Read-Play-Learn intervention and research design. Paper presented at the biennial meeting of the Society for Research in Child Development in Seattle, WA.

Djonov, E. & van Leeuwen, T. (2011). The semiotics of texture: From tactile to visual. *Visual Communication* 10(4), 541–564.

Djonov, E. & van Leeuwen, T. (2012). Normativity and software: A multimodal social semiotic approach. In S. Norris (ed.), *Multimodality and Practice: Investigating Theory-in-Practice-through-Method* (119–137). New York: Routledge.

Djonov, E. & van Leeuwen, T. (2013). Between the grid and composition: Layout in PowerPoint's design and use. *Semiotica* 197, 1–34.

Djonov, E. & van Leeuwen, T. (2014). Bullet points, new writing, and the marketization of public discourse: A critical multimodal perspective. In E. Djonov & S. Zhao (eds), *Critical Multimodal Studies of Popular Discourse* (232–250). New York and London: Routledge.

Djonov, E. & van Leeuwen, T. (2022). Semiotic software through the lens of systemic functional theory. In J. R. Martin, J. S. Knox, & D. Caldwell (eds), *Appliable Linquistics and Social Semiotics: Developing Theory from Practice* (421). London: Bloomsbury Academic.

Dostál, J. (2011). Reflections on the use of interactive whiteboards in instruction in international context. *The New Educational Review* 25(3), 205 – 220.

Gibson, J. (1966). *The Senses Considered as Perceptual Systems*. Santa Barbara, CA: Praeger.

Greenberg, D. (2000). *Avoiding Death by PowerPoint: 45 Proven Strategies to Breathe Life into Dull Presentations*. Georgia: Goldleaf Publications.

Hirsh-Pasek, K., Zosh, J. M., Michnick, G., Gray, J. H., Robb, M. B., & Kaufman, J. (2015). Putting education in 'educational' apps: Lessons from the science of learning. *Psychological Science in the Public Interest* 16 (1), 3 – 34.

Kress, G. (2003). *Literacy in the New Media Age*. London: Routledge Falmer.

Kress, G. (2005). Gains and losses: New forms of texts, knowledge and learning. *Computers and Composition* 22(1), 5 – 22. https://doi.org/10.1016/j.compcom.2004.12.004

Kress, G. (2010). *Multimodality-A Social Semiotic Approach to Contemporary Communication*. London & New York: Routledge.

Kress, G. (2015). Gunther Kress. In T. H. Andersen, M. Boeriis, E. Maagerø, & E. Seip Tønnessen (eds), *Social Semiotis: Key Figures, New Directions* (69 – 92). London: Routledge.

Kucirkova, N. (2019). Children's agency by design: Design parameters for personalization in story-making apps. *International Journal of Child-Computer Interaction*, 21, 112 – 120. https://doi.org/10.1016/j.ijcci.2019.06.003.

Lemke, J. L. (1984). Semiotics and Education. Monograph in Toronto Semiotic Circle Monographs Series. Victoria University, Toronto.

Lim, F. V. & Phua, J. (2019). Teaching writing with language feedback technology, *Computer and Composition*, 54, 1 – 13.

Lim, F. V. & Toh, W. (submitted for publication a). Digital Play for Learning A Multimodal Discourse Analysis Approach to Educational Apps.

Lim, F. V. & Toh, W. (submitted for publication b). What is a 'Good' Educational App? A Social Semiotic Approach to Evaluating Educational Apps.

Lindstrøm, C. (2010). Link Maps and Map Meetings: A Theoretical and Experimental Case for Stronger Scaffolding in First Year University Physics Education. (unpublished doctoral dissertation.) University of Sydney, Australia. Retrieved from https://sydney.edu.au/science/physics/pdfs/research/super/Christine_Lindstrøms_PhD_thesis.pdf (accessed: 26. Sep 2019).

Lindstrøm, C. & Sharma, M. D. (2009). Using link maps to navigate through the physics landscape. *Higher Education Research and Development Society of Australasia* 31(3), 15–17.

Long, P. & Siemens, G. (2011). Penetrating the fog: Analytics in learning and education. *Educause Review*. Retrieved from https://er.educause.edu/articles/2011/9/penetrating-the-fog-analytics-in-learning-and-education (accessed: 25 Sep. 2019).

NCTE (2013). NCTE position statement on machine scoring [Web log post] Apr. 20. Retrieved from www2.ncte.org/statement/machine_scoring/ (accessed: 25 Sep. 2019)

Nicolopoulou, A., Toub, T. S., Hassinger-Das, B., Nesbitt, K. T., Ilgaz, H., Dickinson, D. K., Weisberg, D. S., Hirsh-Pasek, K., & Golinkoff, R. M. (2018). The language of play: Developing preschool vocabulary through play following shared book-reading. *Early Childhood Research Quarterly* 45, 1–17.

Norman, D. (1988). *The Design of Everyday Things*. New York: Basic Books.

OECD (2015). *Students, Computers and Learning: Making the Connection*. Pisa: OECD Publishing.

Paul, R. & Elder, L. (1997). Foundation for Critical Thinking. Available from www.criticalthinking.org (accessed: 25 Sep. 2019).

Poulsen, V. S., Kvale, G., & van Leeuwen, T. (2018). Special issue: Social media as semiotic technology, *Social Semiotics* 28(5), 593–600.

Prinsloo, P. & Slade, S. (2013). An evaluation of policy frameworks for addressing ethical considerations in learning analytics. *Proceedings of the Third International Conference on Learning Analytis and Knowledge-LAK 13.* doi: 10.1145/2460296.2460344.

Rosen, Y. & Beck-Hill, D. (2012). Intertwining digital content and a one-to-one laptop environment in teaching and learning: Lessons from the Time to Know Program. *Journal of Research on Technology in Education* 44, 225 - 241.

Rosenthal. R. & Jacobson, L. (1968). *Pyemalion in the Classroom: Teacher Expectation and Pupils' Intellectual Development.* Bancyfelin. Carmarthen, Wales: Crown House Pub (1992 new edition).

Selander, S., Lim, F. V., Wiklund, M., & Fors, U. (2018) Digital games and simulations for learning. In H. C. Arnseth, T. Hanghoj, T. D. Henriksen, M. Misfeldt, S. Selander, & R. Ramberg (eds), *Games and Education: Designs in and for Learning* (25 - 35). Rotterdam: Sense Publishers.

Shapley, K., Sheehan, D., Maloney, C., & Caranikas-Walker, F. (2011) Effects of technology immersion on middle school students' learning opportunities and achievement, *Journal of Educational Research* 104, 299 - 315.

Sinclair. J. & Coulthard, M. (1975). *Towards an Analysis of Discourse: The English Used by Teachers and Pupils.* London: Oxford University Press.

Smith, H. J., Higgins, S., Wall, K., & Miller, J. (2005). Interactive whiteboards: Boon or bandwagon? A critical review of the literature. *Journal of Computer Assisted Learning* 21(2), 91 - 101.

Tan, J. P. L., Koh, E., Jonathan, C., & Yang, S. (2017). Learner dashboards a double-edged sword? Students' sense-making of a collaborative critical reading and learning analytics environment for fostering 21st century literacies. *Journal of Learning Analytics* 4(1), 117 - 140. doi: 10.18608/jla.2017.41.7.

van Leeuwen, T., Djonov, E., & O'Halloran, K. L. (2013). 'David Byrne really does love PowerPoint': Art as research on semiotics and semiotic technology. *Social Semiotics* 23(3), 409 - 423.

Wang, Y. , Chen, J. , & Yue, Z. (2017). Positive emotion facilitates cognitive flexibility: An fMRI study. *Frontiers in Psychology*, 8(1832). doi: 10. 3389/fpsyg. 2017. 01832. Retrieved from www. ncbi. nlm. nih. gov/pmc/articles/PMC5671657/

Zhao, S. & van Leeuwen, T. (2014). Understanding semiotic technology in university classrooms: A social semiotic approach to PowerPoint-assisted cultural studies lectures. *Classroom Discourse* 5(1), 71 - 90.

Zhao, S. , Djonov, E. , & van Leeuwen, T. (2014). Semiotic technology and practice: A multimodal social semiotic approach to PowerPoint. *Text & Talk* 34(3), 349 - 375.

Zheng, B. , Warschauer, M. , Lin, C.-H. , & Chang, C. (2016). Learning in one-to-one laptop environments: A meta-analysis and research synthesis. *Review of Educational Research* 86, 1052 - 1084.

第六章
多模态课堂中的协同

一、统筹教与学

在本书中,到目前为止我们已经探索了教师运用不同符号资源——包括具身符号模式和符号学技术来建构意义的多种方式。除了语言之外,教师在教室的站立和移动,运用手势的方式以及符号学技术,全都是为学生设计学习体验的过程中可以运用的资源。

在之前的章节中,我们已经讨论过每一种特定的符号学资源是如何建构意义以及如何有助于设计学生的学习体验的。在本章中,我们将探究教师是如何集零为整,合理编排并融合这些多模态符号资源的。同时,我们也将思考这些协同手段将如何表达每名教师独特的教学法,又会如何影响学生的参与、体验和学习。本章直接面向教学实践者,特别是对符号资源多模态如何编排和影响学生课堂的方式感兴趣的教师们。

本章也将会讨论教师运用多模态符号学资源时符号间的相互影响,尤其是不同符号资源语境关系的本质。因此本章也面向那些致力于改进符号间关系描述及系统化操作,以及对符号资源的多模态协同如何建构意义感兴趣的教育研究者们。

多模态涉及"不同类型的意义建构是如何被组合成为一个综合的多模态整体的"(Jewitt 等,2016:2)。因此,多模态的本质是在意义建构时不同符号资源的互相影响和整合。就像 Iedema(2003:31)所主张的那样,"符号不能根据离散的模块或结构进行分析,而是有关以一种或多种方式实例化的具有社会意义的紧张和对立"。因此,多模态教室的协同也就是教师如何有意识并流畅地运用符号学资源整合表达他的教学方法,并为学生设计有意义的学习体验。

教师在课堂上运用多模态具身符号资源与其身体存在是相伴相随的。教师有必要将自己置于教室的某个位置,选择四处移动或者待在原地——两种选择在语义上都是有意义的。教师可以在其教学交流中运用语言和手势,也可能运用常用的符号技术,比如白板或者 PowerPoint 演示文稿。教师运用多模态符号资源在所有教学话语中是隐性的,也是不可或缺的。从社会符号学的角度来看,这种运用有时是无意识的,但总是出于某种动机,是有意义的,有助于分析和解释。第二章中分析的课程微体裁方法的使用,就可以揭示教师的选择所产生的意义,可以支持教师的自我反思,从而推动教师的职业成长。

在本书中,教师多模态课堂编排的概念具有适当和熟练的特点,而非以一种无意识且随意的方法运用多模态符号资源。在多模态协同的过程中,教师具备了对特定意义的表达方式及其对学生的影响更高的符号学意识。符号学意识(Towndrow, Nelson & Yusuf, 2013;Lim & Toh,已提交出版)被形容为"极其关注意义设定的关联性和多模态性"(Towndrow 等,2013:328)。Lim 拓展了符号学意识的定义并主张教师应当提高多模态协同的流畅性,由此才能驾驭用于意义建构的各项资源的可供性。因此,教师在教室中进行多模态协同的意义由其符号学意识产生,合适而流畅的协同不仅可以充分表达她的教学法,也有助于设计有意义的学习体验。

在之前的章节中,我们已经讨论了教学语言的多模态本质,并提出分析和解释不同符号学资源所建构意义的建议。这是建立在先锋学者对教师在不同学科内运用多模态符号资源的研究基础上的,例如 Moschkovich (2002)、Greiffenhagen (2008)、O'Halloran (1998, 2011, 2015)研究数学课堂,Kress 等 (2001),Roth、Jornet(2014)研究科学课堂,以及 Kress 等(2005)研究英语课堂。认识到教学语言的多模态本质,同时能够运用科技轻松收集和分析多模态课堂的数据,越来越多的多模态领域的学者开始采用多模态角度来研究课堂上的意义建构。尽管如此,对于这些学者而言,始终面临着一个持续性的挑战,即如何开发理论工具去描述和讨论这些不同符号学资源的互动和整合,并以多模态的方式来建构意义。

本章回到第二章和第三章选取的两位教师——Lee 和 Mei 以他们的课堂作为个案讨论与分析,特别是围绕在教学内容相似的情况下,教师如何运用语言、手势、定位、动作以及符号学技术来表达自己独特的教学法。本章还讨论了"结构非正式化"的本质(Lim,2011;Lim,O'Halloran & Podlasov,2012;Lim,2019),有助于教师思考如何在教室中协同多模态的符号资源,并为学生提供不同的学习体验。

二、符号间性

(一) 教室中的符号间性

  课堂中的多模态协同研究需要考察不同的具身符号方式,比如语言、手势、定位、动作、符号学技术,及其之间的相互作用和整合,也即符号间性。O'Halloran(2005:159)明确提出"符号间性"这一术语来描述"通过符号选择产生的意义"。符号间性也被 Royce(1998,2006)称为"一种符号间的互补,即语义层面视觉和听觉模式的相互补充,以产生一个单独的文本现象"(Royce,1998:26)。Lemke(1998)特别将教科书中科学话语的符号学资源组合所产生的意义描述为"意义的叠加"。因此,从符号资源组合中"产生的意义"(Lim,2004)要比单独符号资源的意义更加深刻。即便这一点已经得到公认,探索符号间性产生的途径,或者机制,对于我们去了解符号资源如何结合从而产生新的意义仍然十分有趣。

  如第一章所说,本书研究多模态教学话语的方法借鉴了语言学的成果,特别是 Michael Halliday 的系统功能理论。Halliday(1978,1994,1985)认为,语言是一种社会符号学系统,并发展出一种强大的理论工具——系统功能语法,将语言中的意义潜势系统化,并在意义建构过程中突出"选择"这个概念。

  系统功能理论可以通过拓展成为研究其他符号资源的方法,这一点已经通过系统功能多模态语言分析(SFMDA)方法(O'Halloran & Lim, 2014;Jewitt, Bezemer & O'Halloran, 2016)以及在本书中提到的从社会符号角度研究教与学(Kress, 2009;Kress & Bezemer, 2015)得到呈现。SFMDA 方法专注于符号资源的"语法规则",用以实现特定功能,以及符号的选择如何跨越时间和空间,组合建构意义。SFMDA 方法的一个关键点是对于"多模态语法的研究,特别是意义的互动系统"(Jewitt等,2016:39)。因此,SFMDA方法主要关注符号资源在符号间性中如何互动与整合。

在这一节中,我们将要讨论不同符号资源中的符号间性如何发生,尤其是其相互组合的基础,即资源的语境关系。目的是为教育研究者提供一种语言来描述教师在教室进行多模态协同过程中意义建构的模式,并理解各种符号资源的互动与整合。

Thibault(2004)认为,不同的符号资源是根据不同规则组织起来的。Thibault(2004:26)观察到,例如"语言主要是类型学－离散性,基于离散范畴的对比或者差异;另一方面,手势则是类型学－连续性,基于持续的视觉和空间关系的不断变化"。因此,语言和手势"并不只是运用不同的表达方式来表达同一种意义,相反,它们基于不同的组织原则会产生不同的意义"。Baldry和Thibault(2006:4)还解释道"不同模态采用不同的组织原则来创造意义"。因此,在多模态文本中考察特定的符号资源,探索其在协同时如何组织与互动是十分必要的。

Matthiessen(2009)将多模态符号资源的协同描述为"符号之和谐"。Matthiessen(2009:11)观察到,"外延符号系统之间的符号学习分工的一个有趣且重要的方面是它们需要和彼此达成某种程度上的和谐"。尽管如此,Baldry和Thibault(2006)、Matthiessen(2009)都承认对于不同的符号资源,这种和谐的达成都是独特的。特别有趣的是,"创造意义的不同资源是如何互相补充,而各种符号在合作中(在语境中创造意义的工作)是如何进行划分的"(Matthiessen,2009:23)。

迄今为止,语言和图像这两种符号模式的符号间性大部分都已经被理论化。许多研究人员提出了不同的系统和理论来研究语言—图像之间的关系(例如Lim,2004;Royce,2006;Lim,2007;O'Halloran & Lim,2009;Daly & Unsworth,2011;Painter等,2011;Lim & O'Halloran,2012;Bateman,2014)。特别是Unsworth和Cleirigh(2009)提出"加强了解图像和语言的相互作用,从而以多模态视角重新概念化读写能力及其教学法看起来十分重要"。Lim(2011,2019)研究了语言和手势的符号间性,同时也讨论了语言和图像的符号间性。Jiang和Lim(已提交出版)突破了基于两种符号方式的符号间性来探究三种符号方式的相互作用和整合,考察了语言、图像和手势之间的意义模式。

(二) 语境关系

符号资源的符号间性来源于其空间共现或者时间共现所产生的意义,即语境关系。Thibault(2000:362)认为,"这基于创造意义的语境共现关系"。Lim(2004:239)扩展了这一看法,进一步区分出两种语境关系:

> 假设一种模态的意义似乎"反映"了其他模态类型趋同的意义,这两种符号资源共享同一语境关系。另一方面,假设当一种模态意义似乎与另一种模态不一致或不相关时,他们之间的语义关系就会产生分歧或不协调。在后一种情况下,资源将共享新的语境关系。

语言和图像的符号间性已经从语境关系的角度做过研究(O'Halloran & Lim, 2009; O'Halloran 等, 2019)。在研究数学话语的语境关系时,O'Halloran(2007:95)解释说:"符号间性创造出来新的语义层级——重构语境概念关系的意义超越了可能的语言意义。共同语境的语篇关系和人际关系突出了新的概念内容。"(O'Halloran, 2007:95)。共同语境关系带来了语义趋同——不同的符号资源产生相似的意义,新出现的意义主要是指通过重复和冗余带来的强化。例如,教师可能会在表扬孩子做得很好时同时伴随手势符号——竖起大拇指。

另一方面,重构语境关系可以通过和谐统一不同的意义创造出新的语义层级,新出现的意义经常会带来新的语义层级,例如反语、讽刺、困境和矛盾。Thibault(2000:321)认为,"观念上的分离"来自"复杂的、通常是难以理解的不同符号资源系统内部功能协同的一致关系"。语境重构导致了语义上的分歧。然而,当额外的意义层是讽刺时,这种语义的分歧则是可以协调的。例如,当教师对离开教室去厕所的孩子说"可以"时,她可能假装很不赞同地摇摇头。

为了让沟通更成功,通过符号选择的组合而产生的语义趋同或语义分歧都必须调和新出现的意义,最终服务于信息表达的意图。如果重构语境关系使得语义分歧无法协调,形成歧义或者困惑,最终就会导致交流的中断。

符号衔接的概念对于表达符号资源如何共同部署、在教室中进行多模态协同是很有帮助的。符号衔接首先由 O'Halloran(2008)提出来,用以描述语言—图像的关系。符号衔接是"系统选择功能,从而实现文本的衔接"(O'Halloran, 2008:453)。Liu 和 O'Halloran(2009)认为,"相比于语言和图像的共现,识别连贯的多模态信息更加重要"(Liu & O'Halloran,2009:367)。他们进一步解释,"从语篇发生的角度来说,符号衔接可以被认为是语境化的持续过程,在这个过程中意义是由不同的多模态话语中的符号资源产生的"(Liu & O'Halloran,2009:385)。

三、Lee 和 Mei 的教学法

在本节中,我们将回顾之前在第二章中介绍的 Lee 和 Mei 的案例研究,以及第三章中讨论的空间教学。我们将会特别讨论他们如何在课堂上运用一系列符号学模式和符号学技术来表达其独特的教学方法,并为其学生带来不同的学习体验。

Lee 和 Mei 的案例研究基于 Lim 早期研究的数据,是从在新加坡大学进行预科教学的两位教师处收集到的真实课堂数据。以下小节将会总结、分析并讨论他们如何使用语言、手势,如何通过定位和移动运用教室空间,以及如何使用符号学技术。

接下来我们还会通过符号衔接和符号间性操作的例子,讨论 Lee 和 Mei 课堂上的语言、手势、定位和移动,以及符号学技术的符号间性。通过对课程微体裁、手势、空间和语言运用的分析可以看出,Lee 和 Mei 使用了两种截然不同的教学风格。Lee 的教学风格更加偏向权威,而 Mei 则通过本研究中"结构化非正式性"的构建表达一种参与式的教学方法。作为教师编排不同符号资源来设计有意义学习的一种方式,"结构化非正式性"所产生的意义也会在本章的最后一节被提出来并进行讨论。

(一) 课程微体裁分析

从第二章所讨论的课程微体裁来看,Lee 和 Mei 的课堂的特点总结如表 6.1 所示。Lee 课程中课程微体裁的次序表明:由于经常性且漫长的课程转变,为了达到一样的课程峰值,Lee 会比 Mei 花费更多的时间。Mei 的课程结束时间也很长,这使得她能够恰当地总结和归纳课程内容。相比之下,Lee 的课程结束时间较短。

表 6.1　课程微体裁比较

	Lee	Mei
结构	任意的、随意的 注重内容知识 问候话语少 指令话语少 作业发布话语少 作业检查话语少	有序的、有结构的 注重应用问题结构 问候话语多 指令话语多 作业发布话语多 作业检查话语多
关系	关系建立话语少	关系建立话语多
高阶技巧	哲学话语少 技能话语少	哲学话语多 技能话语多
内容知识	常识话语多 内容话语多 荧光屏幕多	常识话语少 内容话语少 荧光屏幕少
个人	个人辅导话语多	个人辅导话语少
动机与控制	出勤话语多 动机话语多 纪律话语多 外部干扰话语多	出勤话语少 动机话语少 纪律话语少 外部干扰话语少

对比第二章图 2.3a—b 所示的课程微体裁的顺序，Mei 的课堂比在 Lee 的更有序，而 Lee 次序不规则的一个主要原因是，他想通过模版的形式引入新知识，这套模版是他在课程类型的复习课上开发的。这样一来，复习先前知识和技巧就为教授新模版而让道了。课程结构在课堂知识和技巧的组织中非常重要。根据课程微体裁类型的分析，Mei 在课程展示和课程进程方面表现出更好的控制能力。

表 6.1 展示了两堂课中为展示不同焦点，每个课程微体裁显示出的差异。Mei 更注重于课程的结构和组织，以及技能和知识呈现的顺序。因此她花费了大量时间在问候话语、指令话语、作业检查话语和作业发布话语上。同时，她也通过关系建立话语来平衡以上话语，与学生创造和谐的师生关系。此外，Mei 花在纪律话语的时间很少，这缓解了她课堂上的显性权力和权威性。

相较而言，Lee 在课程中提供的支撑较少，没有花很多时间框定课程和活动。然而，尽管课程结构总体比较灵活，但从 Lee 花费大量时间在纪律话语上来看，他比较强调课堂上的纪律和秩序，这一点也体现在他也同样花费了不少时间在动机话语、外部干扰话语和出勤话语上。在技巧和内容主题上，Mei 主要关注于应用问题结构,用于技能话语上的时间很多。这点是恰当的,因为正如 Lee 和 Mei 所阐述的:课程为复习课,主要就是围绕技能和内容主题。此外,Mei 还会通过技能话语和哲学话语关注更高阶的思维技巧。正如此前提到,这有助于训练学生成为批判性思考者。

Lee 主要关注于内容知识的技巧和内容主题,这体现在他花费大量时间在常识话语、内容话语和荧光屏幕上。这一点他在课程开始时,即提到的课程目标话语中就已经强调过了。

总而言之,Mei 的课程更像常规的复习课程,她在课程顺序上的清晰结构和她与学生之间形成的融洽关系是互补的。在这个过程中,她构建了一种结构化的非正式性,在这种非正式性中,课程的概念意义和语篇意义以结构化的方式实现,人际关系的意义则是通过选择传达给学生团结和友善来实现的。Lee 的课程,在概念和语篇上不如 Mei 的结构性强,倾向于在人际表达中传递权力和权威。这一点在讨论 Lee 和 Mei 关于语言、手势和空间使用的符号模式上体现得更为明显。

(二)空间分析

第三章中已经描述过 Lee 和 Mei 如何通过定位和活动来使用空间。因此,这里仅作简短讨论,重点是总结他们空间使用的显著差异,如表 6.2 所示。

表 6.2 空间使用比较

Lee	Mei
更少使用权威空间	更多运用权威空间
偏离权威空间中心	常规权威中心
更多使用监督空间	更少使用监督空间
更多移动	更少移动

与 Lee 不同,Mei 倾向于站在权威空间的一方,清晰地传达了作为一名教师的教学意图和仪式感。相反,Lee 在课堂上会出现在不同的空间内,并不以权威空间为主,即使在权威空间,他也总是倾向于让自己偏离中心。总体而言,Lee 的空间选择传达了一种非正式的感觉,这种随意性有时与他对其他符号资源所作的选择而产生的权力和权威性相矛盾,这将会在后续进行讨论。

比起 Mei,Lee 使用更多的监督空间。尤其他经常在学生自主活动时在其周围踱步。此时如果学生有任何问题,都可以向 Lee 求助。然而,这也可以被解释为控制——确保学生按照教师的节奏执行任务。

总的来说，Lee 在班上的动作比 Mei 多，这表明他在课上展示出一定的活力、生机以及能量。Mei 在空间教学中则更加传统和常规，她通过在中央权威空间的定位以及动作的低频使用，传达出一种正式感。

(三) 语言分析

我们通过运用系统功能语法分析了 Lee 和 Mei 的语言选择，并在表 6.3 中总结了他们选择和表达的意义。

表 6.3 语言使用比较

Lee	Mei
使用祈使语气和高情态词来表示权力和权威	使用附加词和低情态词表示可能性和团结性
更多关系识别	更多关系属性
更多心理过程	更多心理情感
更多心理认知	
更少欢笑	更多欢笑

在系统功能语法中，情绪系统中的语言选择表达人际意义，即通过语言来实现社会关系。在情绪系统中，Lee 和 Mei 通常使用更有限的情绪选择。情态可以频繁使用：通过使用低情态词比如"could"和"might"来调节力量，通过使用高情态词比如"should"和"must"来施加力量。像"don't"和"need"这种指示权力的词，Lee 使用得非常频繁，而 Mei 则使用较少。在非有限的选择中频繁使用高情态词和祈使语气，表明 Lee 在课程中非常强调他的权威。

在及物性系统中的语言选择表达概念性意义，即用语言构建我们对世界的体验。Lee 和 Mei 在课堂上大多使用关系过程。Halliday(1994[1985]:119)解释说："关系过程是一种存在的过程……正在建立两个独立实体之间的关系。"因为可以帮助理解以及构建知识，从句也是教学话语中的一种常见特征。关系过程通过关系—属性与关系—识别的子分类来呈现。

Martin 等(1997:106)解释说："属性和识别之间的根本区别是归属关系(属性)和符号化(识别)。"Mei 更多地使用关系属性从句时，而 Lee 更多地使用关系识别从句。例如，Lee 倾向于表达关系识别从句，比如"这是其中一个要点"和"这不在我们讨论的范围内"。由此可以看出，Lee 更加倾向于将两种不同的抽象层次——标记和价值通过符号的手段联系起来。相较而言，Mei 则更多地使用关系属性从句，比如"我们有三个要点"和"他们都太过于以自我为中心"，Mei

倾向于连接"同一抽象层次但在类成员和子类别中普遍性不同的载体和属性"（Martin 等，1997：106）。在第一个比较中，Mei 选择使用关系属性从句"我们有三个要点"，与学生创造一种团结感并分享学习的共同所有关系。这与 Lee 的"这是其中一个要点"和"这不在我们讨论的范围内"形成了鲜明对比。在第二个比较中，通过关系属性过程对比"他们"和"自我中心"则更加直接，这与在关系识别过程中的表达"他们是以自我为中心的人"形成鲜明对比。Halliday（1994，1985：114）将"感觉，思维和感知的从句"描述为心理过程。这些从句又被细分为心理情感、心理认知和心理感知。考虑到教与学的本质，这些过程在 Lee 与 Mei 的教学过程中占据显著位置也就不足为奇了。与 Mei 使用心理情感过程较多不同，Lee 使用了更多的心理认知过程，他倾向于通过认知过程展示整体，而 Mei 则在语言选择上激发出更多的情感。心理认知过程在 Lee 的课堂上大量出现，也是他更倾向于分别使用"认为"和"观察"这两个词的结果。值得注意的是，心理情感是 Mei 使用的唯一心理过程，Mei 的使用量几乎是 Lee 的两倍，这是 Mei 更经常使用"觉得"这个词的结果。例如她在提问时，使用"你觉得这会恶化吗"？而不是 Lee 的"你认为这个问题可以被解决吗"？心理情感的使用激发了提问时的情感要素，鼓励学生参加讨论，不只是认知上的，还有情感上的参与。个人和情感层面问题的连接也和智力层面一样，会受到心理情感过程无声的鼓励。

行为过程和存在过程很少被两位教师使用，Mei 的使用量比起 Lee 稍微多一些。"行为过程可以解释人类的行为"（Martin 等，1997：109）。我们可以认为，行为过程，比如 Mei 的问题"你为什么微笑"和后来的"你在大笑什么"，传达出师生互动本质上的情感维度。

总而言之，Lee 更多地使用关系识别从句，而 Mei 更多地使用关系归属从句。Lee 也更多地使用心理识别过程，而 Mei 则是更多地使用心理情感过程。Lee 倾向于通过认知过程呈现整体，使用更多的祈使语气和高情态词来表明其权力和权威。相反，Mei 更倾向于使用附加词和低情态词来和学生建立团结关系。此外，在 Mei 的课堂上可以更经常听到学生们的笑声，这说明她与学生之间建立起了关联，彼此都很享受课堂。

（四）手势分析

运用第四章所述框架对教师的教学手势进行分析，Lee 和 Mei 所使用的手势类别比较如表 6.4 所示。

表 6.4 手势比较

Lee	Mei
更多呈现动作	更少呈现动作
更多呈现动作:状态	更少呈现动作:状态
更多呈现动作:材料	更少呈现动作:材料
更多呈现动作:心理	更少呈现动作:心理
更少指示动作	更多指示动作
更少指示动作:重要性	更多指示动作:重要性
更少指示动作:可接受度	更多指示动作:可接受度
更少指示动作:关联性	更多指示动作:关联性
更少再现动作	更多再现动作
更多再现动作:参与者	更少再现动作:参与者
更少再现动作:过程	更多再现动作:过程
更多手心向下手势	更多手心向上手势
更多前倾姿势	更少前倾姿势
更多手在腿的高度	更多手在腰的高度
更多否定态度	更多肯定态度
更多、更快的等级	更少、更慢的等级
协商范围缩小	协商范围扩大
更少可能性	更多可能性
更多单一节拍	更多节拍
更多用手指示	更多用食指指示
更多指向学生	更少点击屏幕
更多处理笔记本电脑	更少处理笔记本电脑
更少处理笔记	更多处理笔记
不处理显示器	更多处理显示器

从分析中我们观察到,比起 Mei,Lee 使用更多的呈现动作(Martinec,2000)。就像之前所描述的那样,呈现动作没有任何指示功能。在非交流情境下,呈现动作的作用是给课程带来能量和活力。相较之下,Mei 则更多地使用指示动作和再现动作。这些动作具备语言对应手势或者语言独立手势的指示功能。据观察,Lee 的手常常放置在他的腿两侧,然而 Mei 则倾向于放置在腰部。前者表达一种轻松舒适的感觉,而后者则传达一种时刻准备参与的感觉。

从文字上看,Lee 的手势通常很快且只有单一拍子。相较之下,Mei 的手势更慢,几乎是有意为之来推进她的教学要点。她经常使用有节奏的节拍来表达强调。Lee 的手所指方向通常为学生们,通常也能引起学生的注意。不过,该动作也是 Lee 作为一名教师权力和权威性的体现,他习惯用手而非手指来进行指示,在一定程度上缓和了这种权力关系。相较之下,Mei 经常通过显示器用食指指向屏幕,帮助学生明确焦点并专注于投射在屏幕上的课程资料。

(五) 符号学技术

值得注意的是,Lee 和 Mei 在他们的课中都没有使用新的或流行的符号学技术,比如 PowerPoint 展示。这可能是因为在 2009 年收集数据的时候,这些符号学技术还没有像现在(也就是十多年后)那样广泛使用。尽管如此,Lee 在课堂上使用了笔记本电脑,用投影仪屏幕放映了三个视频。Mei 也使用了投影仪和放映屏幕来展示她对文章的批注。两位老师都使用了传统的符号学技术:白板。Mei 使用的次数比 Lee 多。Lee 和 Mei 使用符号学技术的比较如表 6.5 所示。

表 6.5 符号学技术比较

Lee	Mei
使用视频	不使用视频
使用笔记本	不使用笔记本
不使用显示器	使用显示器
更多使用投屏	更少使用投屏
更少使用白板	更多使用白板

Lee 在课上花了相当多的时间在视频放映上。视频放映几乎花费了 16 分钟(15.62%),在他所有课堂微体裁中排名第二,他用笔记本电脑投放并连续播放了三个从 YouTube 上获得的视频。对于 Lee 来说,视频放映有助于获取内容知识。他在两个场合的讨论中都提到了视频:第一个是当他问"看这几个视频片段是否有助于我们理解这一点",第二个是当他提到"正如我们在短视频中看到的"。

视频使用的可供性在于其有助于以视觉刺激和多模态参与的方式,去赋予详细的内容知识以清晰且真实的案例。然而,视频使用的局限之一是会将大量的时间投入到与课程目标无关的细节当中。

经常性地使用如投影仪、笔记本电脑、显示器、白板等符号资源往往会限制教师对教室空间的使用。这一观察结果与 Jewitt(2011)关于在课堂上使用互动白板的研究一致，教师此时会倾向于限制其移动，而站在它们旁边。虽然符号学技术的使用提供了功能支持，但教师应该思考它们的机会成本，以及这些符号学技术如何能在课堂上发挥最恰当的功用。

出于实用性考虑，两位教师都处于讲台的周围空间，以便可以使用可视化设备和操作笔记本电脑。Lee 进入讲台后方空间的主要原因是操作笔记本电脑，但他几乎完全不会在那个位置教书。另一方面，Mei 为了使用可视化设备来展示笔记，花费大量时间在讲台后方讲授，她将个人空间转变成为权威空间。

（六）符号衔接

尽管在课程微体裁、课程目标和材料上有共同之处，但前几节中的多模态分析揭示了两位教师对符号资源的使用截然不同。他们通过对多模态教室的编排，展示了各自独特的教学法，并为学生设计了独一无二的课堂教学体验。在本小节中，我们将更细致地去探索 Lee 和 Mei 所使用符号学资源中的语境关系，以期获得其在语义上的趋同与分歧。

与 Mei 相比，Lee 的课程组织要更为复杂。这与他较少结构化使用空间和运动有关，他比较倾向于站在教室前面偏离中心的位置。相比 Mei，他更倾向于在教室里频繁走动。这些符号学选择带来了语义上的融合，给 Lee 的教学法带来了一种动态性和非正式感。

Lee 在空间教学法中呈现出一种随意感，而他在使用语言和手势类符号学资源时则将这种随意感进行了语境重构。Lee 使用祈使句和高情态，例如"should"和"must"，通过语言表达出一种权力和权威感。在手势方面，Lee 倾向于表达更偏向否定的态度、更小的协商空间以及很少的可能性。Lee 使用语言和手势形成共同的语境关系，带来语义上的融合，表达出一种权威的教学法。这也与使用投影仪的符号学技术共同构成了 Lee 课程的重要部分。基于屏幕这种符号学技术的使用提供了一个更加以教师为中心的学习体验，这种教学模式更加侧重教师对于知识的呈现，而非参与式教学法中所注重的学生更加有组织地协商知识。

Lee 使用语言、手势和符号学技术来维护和表达他的教学权威，这重构了他使用位置和移动，以及对课程微体裁的松散排列而形成的旧的语境关系。于是，新建构的语境关系产生的总体效果是带来了语义上的分歧，即虽然 Lee 呈现出权威的教学法，但其权威性因旧语境关系中的随意性得到了缓解。

Mei 的课堂对于课程微体裁的排列有着更为清晰的结构,这与她的空间教学共同形成语境关系——她经常使用权威空间,且很少在教室中移动。Mei 倾向于将她的定位和移动限制在教室前方,这也和她如何使用手势相关——她倾向于正式地将手放在腰部位置。此外,Mei 对于符号学技术的运用,即频繁使用白板和可视化工具,也与她对空间和移动的使用相关联。Mei 使用的符号模式和符号学技术带来了语义上的融合,通过知识的结构化展开表达其概念意义。

　　这是根据 Mei 的语言和手势的使用重新语境化的。从语言上讲,Mei 使用附加词和低情态词,比如"might"和"could",以表明她的试探和开放。她表达的人际关系意义是低权威,并培养学生的团结意识。Mei 对于语言和手势的使用同构语境,手势中有大量的指示性动作来表达可接受性、可能性和扩大协商空间。语言和手势的共同使用带来了一种关联性和非正式性的语义趋同。

　　Mei 的课堂上也存在语义分歧,体现在她的空间教学法、关于符号学技术的使用以及对于课程的逻辑组织(比如课程微体裁)上,这些都重构了她对于语言和手势的运用而形成的旧的语境关系。在 Mei 的空间教学法、符号学技术的使用和逻辑组织中,她十分清晰地表达教学权威,促进知识的结构化呈现。而通过对语言和手势的运用,她又表达了一种关联的和非正式的人际关系意义。如此安排对于 Mei 来说很有效,因为她既能够实现课程目标,又能够鼓励学生参与,使得她十分享受课堂时光,这点也可以从学生的笑声中看出来。Mei 对于符号模式和符号学技术的运用是多模态教室编排的一个典范,这说明 Mei 在使用多模态符号资源的过程中,通过编排一种结构化的非正式性来表达参与式的教学法。

　　这里应该承认,对于 Lee 和 Mei 独特教学法的描述完全是基于研究者对于他们在课堂上如何使用各种符号学资源的解读。这种解读方法为多模态语篇分析方法,即研究者对教师传达的教学话语进行编号、分析、可视化和解读,目的是探讨交际中所产生的意义。这遵循了社会符号学的原则,即无论意图和意识如何,每个建构意义的行为都是有动机的,并且可以通过研究来识别所创造的意义。

　　这种研究方法的一个局限性是,教师和学生都没有接受采访来细化他们对于课程的观点看法。教师对于教学意图、学生对于学习体验进行的反思都可能肯定或挑战分析者的见解。我们也越来越意识到,多模态语篇分析可以通过民族志和接受研究的方法来丰富。例如 Bateman、Wildfeuer 和 Hiippala(2018)最近关于多模态经验研究方法的必要性提出的观点。

四、结构化的非正式性

"结构化的非正式性"概念是由 Lim(2011,2019)以及 Lim、O'Halloran、Podlasov(2012)基于 Mei 的课程观察提出来的。结构化的非正式性是指教师在教室中作出的符号选择经过特定的结合和协同,为学生构建一个有利的学习环境,呈现出师生之间极强的活力。通过特定的符号选择来维持学习过程的教学结构,同时选择另一些符号学来缓和师生之间的等级距离。这种方式可以促成师生之间的关系联结,促进团结,在更加传统的权威课堂中是不常见的。

Savery 和 Duffy(1995)提出教师应当将学习经验结构化,以确保学生得到清晰的指导并获得准确的参数,从而有助于实现课程目标。然而,学习经验应当是开放的、自由的,容许学生去探索、享受、互动,最终得出自己对于知识的理解和建构。

在系统功能理论的术语中,课堂中建构的结构化非正式性指的是教师表达的一系列的人际意义,与课程的知识结构中概念意义和语篇意义有组织地共现。课堂的概念意义,也就是知识在课堂中的呈现方式,以一种结构严密的方式有力地呈现出来。课堂的语篇意义,也就是知识是如何组织的,也是通过设计好的步骤,伴随课程微体裁逐步展开来结构化学习体验的。然而,课堂中的人际意义,尤其是师生关系,通常是非正式的,避免公开的权威和权力,以构建大学的学习环境。

结构化的非正式性,对于本研究中的大学预科来说极为重要,因为这些学生都是青少年。正如新加坡教育部在开展研究时所解释的那样,青春期"是一个形成身份、主张独立和改变关系的时期"(新加坡教育部,2010:23)。因此,"跟小学生对比,青少年对老师会表现出更少的尊重"(新加坡教育部,2010:24)。

因此,结构化的非正式性,即在课堂中表达概念意义和语篇意义时具备清晰的结构,却在人际意义中表现非正式性,被证明可以有效地促进教学和学习。这是因为技能和内容知识是在大学环境中建立的,而由于教师在表达师生人际关系时进行了特定的符号选择,可以帮助青少年学生营造一种轻松的氛围。

正如 Mei 的课堂上所观察到的,结构化的非正式性的意义是指教师如何通过多模态的课堂编排来设计特定的学习体验。这种教学法可能尤其适用于那些青春期的学生,因为这些学生通常比较沉默寡言,不愿说出自己的想法,也不愿参与课堂活动。

课堂中的结构化的非正式性是一个十分有效的课堂中多模态协同的例子,展示了教师如何设计大学的学习体验——在有序的系列课程阶段中使用结构化的知识呈现,同时鼓励学生积极地参与课堂学习。因为结构化的非正式性,教师可以设计这样一种学习环境——作为学习的一部分,学生时刻受到鼓励,并以一种舒适的方式融入、参加和挑战教师以及知识的呈现。

在本章中,我们探索了符号资源的组合如何协同表达老师的教学法。从 Lee 和 Mei 的案例研究中可以看出,我们已经考虑了不同具身符号模式和符号学技术可以营造不同的语境关系,从而带来语义上的趋同和分歧。语义的分歧可能会带来矛盾,也可能会促成结构化的非正式性产生新的意义,也就是正式的概念意义和文本意义与非正式的人际意义互相影响,从而为学生营造更加具备吸引力与参与感的学习体验。发展出这种符号学意识也可以恰当地支持使用多模态具身模式和符号学技术来设计独特的学习体验。

思考题

1. 教师是如何使用具身资源和不同教学工具来表达其教学法的?
2. 教师如何能够在学生的学习体验中设计"结构化的非正式性"?

参考文献

Baldry, A. P. & Thibauilt, P. (2006). *Multimodal Transcriprion and Text Analysis*. Sheffield: Equinox Publishing.

Bateman, J. A. (2014). *Text and Image: A Critical Introduction to the Visual/Verbal Divide*. New York: Routledge.

Bateman, J. A., Wildfeuer, J., & Hiippala, T. (2018). *Multimodality: Foundations, Research and Analysis: A Problem-oriented Introduction*. Berlin & Boston: De Gruyter.

Daly, A. & Unsworth, L. (2011). Analysis and comprehension of multimodal texts. *Australian Journal of Language and Literacy* 34(1), 61 – 80.

Greiffenhagen, C. (2008). Video analysis on mathematical practice? *Forum on Qualitative Social Research* 9(3). Retrieved from www.qualitative-research.net/index.php/fqs/article/view/1172/2585 (accessed: 28 Oct. 2019).

Halliday, M. A. K. (1978). *Language as Social Semiotic: The Social Interpretation of Language and Meaning*. London: Edward Arnold.

Halliday, M. A. K. (1994[1985]). *An Introduction to Functional Grammar*, 2nd edn. London: Arnold.

Iedema, R. (2003). Multimodality, resemiotisation: Extending the analysis of discourse as muli-semiotic practice. *Visual Communication* 2(1), 29 – 57.

Jewitt, C. (2011). The changing pedagogic landscape of subject English in UK classrooms. In K. L. O'Halloran & B. A. Smith (eds), *Multimodal Studies: Exploring Issues and Domains* (184 – 201). London & New York: Routledge.

Jewitt, C. (2013). Multimodality and digital technologies in the classroom. In I. Saint-Georges & J. J. Weber (eds), *Multilingualism and Multimodality. The Future of Education Research* (141 – 152). Sense Publishers: Rotterdam.

Jewitt, C., Bezemer, J., & O'Halloran, K. L. (2016). *Introducing Multimodality*. London: Roudedge.

Jiang, J. X & Lim, F. V. (submitted for publication). A Multimodal Discourse Analysis of TED Talks.

Kress, G. (2009). What is mode? In C. Jewitt (ed.), *The Routledge Handbook of Multimodal Analysis* (54 – 67). London & New York: Routledge.

Kress, G. & Bezemer, J. (2015). *Multimodality, Learning and Communication: A Social Semiotic Frame*. London: Routledge.

Kress, G., Jewitt, C., Ogborn, J., & Charalampos, T. (2001). *Multimodal Teaching and Learning: The Rhetorics of the Science Classroom*. London: Continuum.

Kress, G., Bourne, J., Franks, A., Hardcastle, J., Jewitt, C., Jones, K., & Reid, E. (2005). *English in Urban Classrooms: A Multimodal Perspective on Teaching and Learning*. London: RoutledgeFalmer.

Lemke, J. L. (1998). Multiplying meaning: Visual and verbal semiotics in scientific text. In J. R. Martin & R. Veel (eds), *Reading Science* (87 – 113). London: Routledge.

Lim, F. V. (2004). Developing an integrative multisemiotic model. In K. L. O'Halloran (ed.), *Multimodal Disourse Analysis: Systemic-Functional Perspectives* (220 – 246). London: Continuum.

Lim, F. V. (2007). The visual semantics stratum: Making meaning in sequential images. In T. Royce & W. Bowcher (eds), *New Directions in the Analysis of Multimodal Disourse* (195 – 214). New Jersey: Lawrence Erlbaum Associates.

Lim, F. V. (2011). A Systemic Functional Multimodal Discourse Analysis Approach to Pedagogic Discourse. Doctoral thesis. National University of Singapore.

Lim, F. V. (2019). Investigating intersemiosis: A systemic functional multimodal discourse analysis of the relationship between language and gesture in classroom discourse. *Visual Commaniation*, 1 – 25. https://doi.org/10.1177/1470357218820695.

Lim, F. V. (2021). Towards Education 4.0: An Agenda for Multiliteracies in the English Language Classroom.

Lim, F. V. & O'Halloran, K. L. (2012). The ideal teacher: Analysis of a teacher recruitment advertisement. *Semiotica* 189, 229 – 253.

Lim, F. V. O'Halloran, K. L., & Podlasov, A. (2012). Spatial pedagogy: Mapping meanings in the use of classroom space. *Cambridge Journal of Education* 42(2), 235 – 251.

Lim & Toh, W (submitted for publication). Towards a Literacy for Digital Reading.

Liu, Y. & O'Halloran, K. L. (2009). Intersemiotic texture: Analyzing cohesive devices between language and images. *Social Scmiotics* 19(4), 367 – 388.

Martin, J. R., Matthiessen, C. M. I. M., & Painter, C. (1997). *Working with Functional Grammar*. London: Arnold.

Martinec, R. (2000). Construction of identity in Michael Jackson's 'Jam'. *Social Semiotics* 10(3): 313 – 329.

Matthiessen, C. I. M. M. (2009). Multisemiosis and context-based register typology: Registeral variation in the complementarity of semiotic systems. In E. Ventola & A. J. M. Guijarro (eds), *The World Told and the World Shown: Multisemiotic Issues* (11 – 38). Chichester: Palgrave Macmillan.

Ministry of Education, Singapore. (2010). Secondary education review and implementation (SERI). Retrieved from https://planipolis.iiep.unesco.org/sites/planipolis/files/ressources/singapore_seri_2010.pdf (Accessed: 29 Oct 2019).

Moschkovich, J. (2002). A situated and sociocultural perspective on bilingual mathematics learners. *Mathematical Thinking and Learning* 4(2 – 3), 189 –212.

O'Halloran, K. L. (1998). Classroom discourse in mathematics: A multisemiotic analysis. *Linguistics and Educarion* 10(3), 359 – 388.

O'Halloran, K. L. (2005). *Mathematical Discourse: Language, Symbolism and Visual Image*. London: Continuum.

O'Halloran, K. L. (2007). Systemic functional multimodal discourse analysis (SF-MDA) approach to mathematics, grammar and literacy. In A. McCabe et al. (eds), *Advances in Language and Education* (75 – 100), London: Continuum.

O'Halloran, K. L. (2008). Systermic functional-multimodal discourse analysis (SF-MDA): constructing ideational meaning using language and visual imagery. *Visual Communication* 7(4), 443 – 475.

O'Halloran, K. L. (2011). The semantic hyperspace: accumulating mathematical knowledge across semiotic resources and modes. In F. Christie & K. Maton (eds), *Disciplinarity: Functional Linguistic and Sociological Perspectives* (217 – 236). Sydney Australia: Bloomsbury Publishing.

O'Halloran, K. L. (2015). The language of learning mathematics: A multimodal perspective. *The Journal of Mathematical Behaviour* 40, 63 – 74.

O'Halloran, K. L. (2018). *A Multimodal Approach to Classroom Discourse*. Sheffield: Equinox.

O'Halloran, K. L. & Lim, F. V. (2009). Sequential visual discourse frames. In E. Ventola & A. J. M. Guijarro (eds), *The World Told and the World Shown: Multisemiotic Issues* (139–156). Chichester: Palgrave Macmillan.

O'Halloran, K. L., Podlasov, A., Chua, A., Tises, C-L., Lim, F. V. & Smith, B. A. (2013). Challenges and solutions to multimodal analysis: Technology, theory and practice. In Y. Fang & J. Webster (eds), *Developing Systemic Functional Linguistics: Theory and Application* (271–297). London: Equinox.

O'Halloran, K. L. & Lim, F. V. (2014). Systemic functional multimodal discourse analysis. In S. Norris & C. Maier (eds), *Texts, Images and Interactions: A Reader in Multimodality* (135–154). Berlin: De Gruyter.

O'Halloran, K. L. et al. (2019). Interpreting text and image relations in violent extremist discourse: A mixed methods approach for big data analytics. *Terrorism and Political Violence*. 31(3), 454–474.

Painter C., Martin, J. R., & Unsworth, L. (2011). Organizing visual meaning: Framing and balance in picture-book images. In E. A. Thompson et al. (eds), *Semiotic Margins: Meaning in Multimodalities* (125–143). London: Continuum.

Roth, W-M, & Jornet, A. (2014). Towards a theory of experience. *Science Education* 98(1),106–126.

Royce, T. (1998). Synergy on the page: Exploring intersemiotic complementarity in page-based multimodal text. *JASFL Occasional Articles* 1, 25–49.

Royce, T. (2006). Intersemiotic complementarity: A framework for multimodal discourse analyis. In T. Royce & W. L. Bowcher (eds), *New Directions in the Analysis of Multimodal Discourse* (63–109), Mahwah, NJ: Lawrence Erlbaum.

Savery, J. R. & Duffy, T. M. (1995). Problem based learning: An instructional model and its constructivist framework. In B. Wilson (ed.), *Constructivist Learning Environments: Case Studies in Instructional Design*

(135 – 150). New Jersey: Educational Technology Publications.

Takahashi, J. & Yu, D. (2017). Multimodality in the classroom: An introduction. *Teachers College, Columbia Uiniversity Working Articles in TESOL & Applied Linguistics* 16(2): i – vi.

Taylor, R. (2014). Meaning between, in, and around words, gestures and postures: Multimodal meaning making in children's classroom communication. *Language and Education*, 28(5), 401 – 420.

Thibault, P. (2000). The multimodal transcription of a television advertisement: Theory and practice. In A. Baldry (ed.), *Multimodality and Multimediality in the Distance Learning Age* (331 – 385). Campobasso, Italy: Palladino Editore.

Thibault, P. (2004). *Brain, Mind and the Signifying Body: An Ecosocial Semiotic Theory*. London: Continuum.

Towndrow, P. A., Nelson, M. E., & Yusuf, W. F. B. M. (2013). Squaring literacies assessment with multimodal design: An analytic case for semiotic awareness. *Journal of Literacy Research* 45(4), 327 – 355.

Unsworth, L. & Cleirigh, C. (2009). Multimodality and reading: The construction of meaning through image-text interaction. In C. Jewitt (ed.), *The Routledge Handbook of Multimodal Analysis* (151 – 163), London & New York: Routledge.

第七章
设计学习

一、不断变化的学习者

本书讨论教师如何运用他们的身体资源以及使用适当的工具来为学生设计独特的学习经历。书中探索课堂上不同种类的话语类型，以及如何判定教师所用的话语类型有助于评估课堂重点。书中还思考教师如何在课堂上以其姿势、行动、手势以及语言编排多模态课堂来展示其教学法。此外，书中还研究了教师对于符号技术的使用：从传统的黑板、PPT展示到最新科技，比如由人工智能驱动的具有分析功能的交互式学习系统。有趣的是，教师对于符号学模式和符号学技术的使用可以提供知识呈现的多种方式，并制定独特的教学关系，从而有助于学生学习经历的组织和设计。本书中的讨论辅之以相关案例铺陈，这些案例主要是教师通过协调多模态符号资源来表达合适的教学法，以为青少年学生设计其学习体验。通过教师多模态教室编排来表达教学法的一个案例就是结构化的非正式性。

这本书主要聚焦教师和教学，探讨这一点的前提是好的教学对于富有成效的教育至关重要。在最后一章中，我们将主要关注学习者和学习本身。我们将在当今数字化时代的大背景下讨论学生角色需求的转变，并从符号学视角出发解读我们对于学习的构想。在本章中，我们还将思考设计教学的真正含义，包括学习体验与学习环境。我将追踪设计教学的概念，并讨论这些理解是如何影响教师作为教学设计者这一角色的。本章最后总结书中观点与教育研究者、教师实践者和课程政策专家这三类群体的相关性及其带来的启发。最后,我们讨论本书贡献和未来可能的研究方向,以期帮助我们的学生为迎接数字时代做好准备。

当今教师面临的挑战是需要采用不同的教学方式来进行教学,而这种新方式与其自身学生时代的体验完全不同。我认为教师作为学习的设计者,需要制定一系列策略来吸引现在的学生并对其加以引导。教师需要培养符号学意识,并熟练进行多模态编排,从而设计学生们的学习体验。一些老师可能会思考:既然传统教学法多年来效果良好,以上这种做法是否有必要?事实上,促使教师反思和重审其教学方式的一个不可抗拒的原因是他们认识到在当今的数字时代,班级中学生画像与学习需求都发生了变化,并且还在不断变化当中。

在一个关于新加坡多元知识素养的研究项目中,我们采访了新加坡一所小学的一群九岁儿童,并询问他们放学回家后做些什么。我们对他们每天所从事的"识读活动"(Street,1993)很感兴趣。接受采访的六名学生都承认他们在午后沉迷于观看 YouTube 频道,其中一些是在其监护人同意下进行的。六名学生中有三名还非常热忱地谈到自己创建的 YouTube 频道,他们通过上传视频的形式与任何链接的访问者在公共空间分享生活。其中一位女孩儿,她的志向是成为专业舞蹈家,她和母亲一起把每天的舞蹈练习视频,以及最喜欢的舞蹈表演一并上传到自己的个人频道。还有一名对火车痴迷的男孩儿,会在他自己的视频中炫耀自己越来越多的火车纪念品。另一个男孩则正在制作关于"随机事物"的视频,比如在互联网上盛行的最新时尚和亚文化,这包括制作 1000 条"尝试不笑"视频、玩具拆箱视频、制作史莱姆的视频、他在玩游戏 Minecraft 和 Fortnite 的视频,以及模仿受欢迎的 YouTube 网红。以上就是儿童参与当代交际图景的新读写实践所到达的程度。孩子们的自我导向的多模态创作实践是他们身份和文化的表达,反映了教室和学校中不断变化的学习者画像和需求(Lim & Toh, 2020)。

这些新的识读活动和实践之所以成为可能,是因为在数字时代,学生很容易接触到广泛的符号学技术。数字技术为我们的学生提供了一系列广泛且强大的符号学资源来表达他们的想法、经验和个性。即使是非常小的孩子,他们的"识读活动"也经常经由屏幕作为界面进入一个拥有无限可能的符号数字世界。当他们用父母的平板电脑和智能手机观看视频、玩游戏和浏览图片时,年幼的孩子们在娱乐的同时也在学习。这些识读活动和实践以及新的符号学技术挑战着传统观点,即仅以语言为基础的课程足以满足学生的需求,并使我们反思当今学习者的读写能力和学习要求。

考虑到当代的传播环境,无数的技术为年轻人提供了丰富而新颖的意义建构方式,那么教育者应当如何回应呢?我们可以从两个维度做出回应:第一维度就是需要转变教学法,即我们应该重新思考应当如何教学生;第二维度则是需要转变课程,即我们需要思考教给学生什么。在本书中,我们主要关注第一个维度,即当今教师的角色转变:从讲台上的智者转变为学习的设计者。正如Unsworth(2006a:55)所说:"需要承认技术的指数级扩展和改进正在改变教学实践的动态,这点对于保持儿童的学习参与度至关重要。"

第二个维度涉及我们对课程教授内容的回顾和更新,以及这些知识和技能是否仍旧适用于我们今天的年轻人,其宗旨就是为学生的明日世界做好准备。比如,语言课程反映出一种扩展的识读概念,超越了语言学习本身(Weninger,2019;Lim,2021)。千禧年之交,澳大利亚天主教大学教授和识读教育专家Len Unsworth就已经观察到:

> 在可预见的未来,虽然许多基于语言的识读教学法将继续存在,但它们绝不足以发展成为能够代表千禧年后不断发展的信息时代的识读实践(Unsworth,2002:62)。

他认为我们需要的是"多元识读能力"。这个持续互动的、数字媒体支持的多模态环境需要我们具备阅读、查找信息、验证信息以及操纵、连接和展示信息的新技能。Jewitt(2008:244)指出,认识到未来世界需要不同的认识类型,标志着人们将识读概念"从一套可以通过学校教育获得、普遍运用的自主中立技能或能力转变成为一种局部的、在场的观念"。John Potter和Julian McDougall在其著作《数字媒体、文化与教育:理论化第三空间的识读》(2017)中提出了"动态识读"这一术语,来捕捉一系列的素养能力:从多元识读到数字素养,再从媒体素养到多模态读写能力——学生需要有效应对当今的信息环境,并时刻准备好全力参与其中。

转变课程内容的需求回应了当今学习者持续变化的画像和需求,而学习者当今的需求又直接影响到与此相关联的、教育学中多模态的研究轨迹,特别是多元识读能力和多模态读写能力研究,我们在 Lim(2018)、Lim 和 Tan(2017,

2018)以及 Lim、O'Halloran、Tan 和 E(2015)的研究中均有所提及。在本书中，我们将重点介绍回应当今学习者需求的教学法转变。与此同时，我们认为教学法的转变还涉及教师角色的演变，即从知识权威过渡到教学设计者。我们还进一步探讨了教师如何使用具身符号模式和符号学技术来展示其教学法，从而鼓励学生参与和学习。在下一节中，我们将重点从社会符号学角度解读相关的学习假设和观点。

二、定义学习

Jeff Bezemer 和 Gunther Kress 在其纲领性著作《多模态、学习与交际：基于社会符号学框架》中已经从社会符号学角度定义过学习。他们(2016)认为，学习的本质是有意义的建构，只要有参与，学习就会发生。"转换型参与"一词的引入是为了"认识到这样一个事实，即符号设计者并不会'简单地'——比方说——复制、获取，以某种方式直接内化和吸收他人制作的符号。学习……被视为有规则地、转换型参与的结果"(Bezemer & Kress, 2016: 38)。运用学习的符号学视角，我们将考察与意义建构相关的学习其他三个方面，即通过学生对知识的转换型参与，理解到学习是社会的、符号的和具身的。

学习是一种社会实践，在这种实践中，学生通过与老师的教学关系，有时通过与同学的集体关系，参与和协商知识表达。Kress 等人(2005: 14)认为"教育的人际和概念交流是由社会关系决定的。课堂是很重要的冲突场所，而教师的言语活动就是对冲突的回应"。意义的集体协商过程对于学习来说是基础，因为学习与交际相关(Bezemer & Kress, 2016)。Cope 和 Kalantzis(2015: 39)认为"学习也是非常社会化的，因为我们依赖具有集体记忆的人造物，从根本上是与其他人一起完成知识创造的协作任务"。因此，学习不仅仅是一项个人成就，而且是与教师交流，以及经常与其他学习者合作的过程。

学习具有符号性，因为它与意义建构密切相关。Kress(2007: 37)认为学习的标志"可以被视为个人根据自己的原则参与和改造世界的能动选择"。学习中的意义创造在本质上也是多模态的。Lemke(2002: 23)认为：

> 从符号学角度看，我们实际上从来不会仅仅利用一种符号系统的资源来表达意义：文字唤醒图像，图像通过口头媒介传播，书写是一种视觉呈现形式，代数与自然语言的语法和语义有很大的相似性，几何

图形可以通过语言和图像来解读,甚至广播里的声音也能通过非语言代码组织的声音符号来向我们传递个人特质、口音、情绪状态和身体健康。由此看来,学习是一个符号过程,无论是意义接收环节还是意义输出环节。

学习也是具身的,关涉意义呈现的物质方式。学生置身于教师的多模态课堂,需要通过教师的具身符号模式以及符号学技术来解读意义。这点对于那种认为教师所言才是课堂知识呈现主要来源的主导范式提出了挑战。从学习的社会符号学视角来看,意义建构和知识呈现都是多模态的,它们通过教师使用具身符号模式和符号学技术来达成。Kress(2000)认为,多模态具备生物性,是人类的内在属性。Kress(2000:159)关注通感(synaesthesia)的研究,将其描述为"从一种符号模式到另一种符号模式的意义转换,是大脑不断进行的活动"。换句话说,通过转换型参与的意义翻译和解读是大脑认知功能的一部分。尽管如此,Cope 和 Kalantzis(2015:39)指出:"知识不仅仅是最终停留在脑海中的东西,而且是我们所做和所创造的。学习是一系列知识行为的结果,使用多模态媒体则可以将我们的思维外化。"由此看来,将教师视为讲台上的圣人,给学生传播智慧这样的观点,已经越来越不符合当今数字时代不断变化的学习者画像和要求。当今教学法转变的核心是认识到教师需要协调使用具身符号模式和符号学技术来设计课堂体验,以此来带动和教育学生。从这个角度看,学习是通过学生的语言、视觉、听觉以及身体感官来具身化体验的。因此,学习不仅仅是一种认知成就,还关涉各种具身感官资源,这两者都会通过教师的多模态课堂编排和学生的转换型参与来实现。

三、作为学习设计者的教师

作为教学法转变的一部分,教师的角色正在从单纯地传授知识转变为设计学习。设计学习需要教师熟练地运用并融合符号模式和符号学技术。设计理念不该仅仅着眼于传统的"使用能力"和"面向过去",相反,应当是"前瞻性的、面向未来的",并且"能从设计者的兴趣和意图出发"(Kress,2003:169)。Kress 和 Selander(2012:267)详细阐述了设计"为主体提供将其愿望、需求、建议投射到想象中社会未来的可能性"——学习体验也就应运而生,这要求老师积极参与设计与学习目标相关的、合理的课程体验,并且回应当今学习者的画像和需求。因此,影响学习体验和教学环境的教师能动性和权力一直是本书的重点。学习者画像的变化要求教师在多模态课堂编排的符号意识和流畅性的支持下,打磨出一整套教学策略。

"设计学习"的概念源于新伦敦小组的一项开创性工作。新伦敦小组的成员包括 Courtney Cazden、Bill Cope、Norman Fairclough、Jim Gee、Mary Kalantzis、Gunther Kress、Allan Luke、Carmen Luke、Sarah Michaels 和 Martin Nakata,他们在《多元识读能力的教学法:设计社会未来》一书中将"多元识读能力"和"作为设计的教学法"的概念介绍给全世界。新伦敦小组主张将课程改革作为社会未来的设计,以实现更大的社会公平和公正。教师应承担课堂中学习体验和环境设计者的角色。新伦敦小组在书中提到学习是意义建构,教学应该被视为设计工作。他们开发了设计学习框架(新伦敦小组,1996,2000),该框架将设计过程描述为三个要素:可用设计、设计和重新设计。可用设计是指意义资源或可用的意义设计,它包括各种符号系统的"语法"和"话语顺序"(设计元素的特殊配置);设计是指在符号学过程中,针对正在进行设计或有可用设计的工作,它包括重现或再语境化;重新设计是指通过设计而产生和转化的资源。

Gunther Kress 多年来在其关于社会符号学和多模态的著作中进一步发展了意义建构的设计理念。Kress(2000,2003:4)使用了"设计(设计者)"和"符号制作者"的术语来描述在特定社会文化背景下,那些通过判断最适合其目的、兴趣和需求的模式来制造信息的个人。Kress(2003:28)认为"从关注儿童的胜任能力转向设计(学习体验)是当代社会和经济社会的基本事实。"在多模态交际中,设计概念被认为是可靠的、能引起反思的且富有生产力的实践必要条件(Kress,2003:28),因为新的意义创造方式增加了选择的可能性。我们将此扩展到承认教师作为课堂学习设计者的角色。作为学习的设计者,教师判断学习者实现其学习成果的最佳方式是留意自己如何使用具身符号模式和符号学技术,并在使用中意识到其可供性,展现其适应性和流畅度,并通过多模态课堂编排呈现自己的教学法。

设计学习的理念同样得到了其他人的推广,特别是斯德哥尔摩大学的高级教授 Staffan Selander 关于设计学习的研究颇有建树。Selander(2008:14)挑战了传统观念,即教师的角色是给学生"带来"知识,而学生的角色是把知识记在心里并学习特定技能。相反,Selander(2008:12)认为学习设计的概念为:

强调学习的物质和时间条件，以及学习活动本身……学习是一种活动，在这种活动中，不同媒体（信息）中的符号被详细阐述，并且在新媒体中形成新符号（再配置和再语境化）。

因此，如前一节所述，我们从社会符号学的角度看教与学，学习就是意义创造，具备社会性，且通过具身方式实现。教师扮演设计者角色，和所有其他设计者一样，需要权衡在特定环境中能够使用的物质资源和权力结构，以便以最佳方式表达意义（Kress & Selander，2012）。因此，从学习设计的角度看，教师参与多模态课程编排的设计，能够与学生一起更好地展现"塑造社会互动"的教学法（Kress & Selander，2012：266）。

教师作为学习设计者的角色演变逐渐获得了国际认可和关注。2018 年，经济合作与发展组织（OECD）发布了一份由 Alejandro Paniagua 和 David Istance 撰写的题为"教师作为学习环境的设计者：创新教学法的重要性"的报告。在这篇报告中，作者肯定了教学法在教育政策中的重要性，并认为"教育必须经过精心设计"（Paniagua & Istance，2018：20）。教学法"需要非常专业地与学习环境设计相结合"，"教师角色正在从执行教育观点和课程步骤的技术人员转变为学习环境设计者以及教学艺术与科学的专家"（Paniagua & Istance，2018：20）。正如 OECD 的专著所述，承认教师是学习的设计者不仅影响了课堂实践，而且也影响到了教育政策、课程发展，并最直接地影响了教师的专业实践和学习。

世界各地的教育系统都已经接受了教师作为学习设计者的不断演变的角色，甚至将其作为教育框架目标的一部分。新加坡的教育系统就是一个很好的例子，作为一个国际公认的高绩效教育体系，新加坡教育部提出培养学生为未来做好准备的愿景，倡导教师作为学习设计者在课堂中的角色转变范式，并在教学中融入"设计"的概念。在 2015 年启动的新加坡教育信息和通信技术总体规划 4 中，教师的角色被描述为"学习体验和环境的设计者"。新加坡的教师得到"持续和多样化专业学习"（ICT Connection，2019）的支持，逐渐成长为学习的设计者。规划 4 中对教师的愿景和目标展现出教育系统回应当今数字时代所带来变化的决心和承诺。

四、通过具身教学来设计学习

在这本书中，我提供了一些方式来描述和讨论教师如何使用具身符号模式,并通过多模态的课程编排来创造意义以及阐述教学法,探讨了符号学技术的使用如何影响知识的呈现方式、师生之间教学关系的本质,还涉及学生的学习体验是如何组织构成的。

本书的中心议题是教师想要成为学生学习的设计者,可以通过恰当而充分地利用意义创造资源来实现——无论是通过具身符号模式还是通过符号学技术。这一观点正是在当今教学法转变的大背景下提出的,即数字时代我们的学生需要各种各样的教学和学习经验。

本书的一个关键前提是认识到教与学从根本上来说是关于意义建构的具身方式。Jewitt(2008:241)认为:"知识如何被呈现,如何选择模态和媒介,实际上是知识构建的关键方面,能够使意义和学习的表达方式更为普遍。"认识教育符号学的多模态本质,会对课程内容的性质以及教师的教学实践产生影响。

正如第一章所述,本书聚焦于教育符号学这一新兴领域,而教育符号学正是多模态在教育学领域的应用,主要关注学习中的意义创造,探索以往的教育研究中意义集合如何通过一系列符号资源表达出来,而这一过程(以往)通常被认为是理所当然的。在过去的二十年中,多模态研究和多模态话语研究蓬勃发展。在本书中,我们就是运用系统功能多模态话语分析(Systemic Functional Multimodal Discourse Analysis),从社会符号学视角出发来研究教与学。

本书的目标是证明将教与学视为多模态意义建构,不论是在了解或是影响教学实践方面都具备富有成效的价值。本书还借鉴了多模态领域其他学者的理论、原则和观点,而最根本的是借鉴了系统功能理论(Systemic Functional Theory)。综上所述,将多模态应用于教师使用具身符号模式和符号学技术来设计学生的学习体验,是对 Michael Halliday 关于"适用语言学"号召的响应,也正体现出语言学的理论是如何理解和影响实践的。

在本节中,我们将回顾本书中的主要观点,并直接向三种潜在读者群体介绍这些观点的内涵。首先,我将讨论书中的观点和讨论是如何影响其他从多模态社会符号学视角研究教育学的教育研究者的;接下来,我还将特别关注教师实践者,并讨论关于课堂教学实践观点的内涵;此外,我还将向教育管理者和课程专家提出建议,强调本书中关于政策制定和教育改革的相关建议。

对于教育研究者来说,认识到教学话语本质的多模态性,可以激发更多的教育符号学研究。本书提出课堂中的多模态话语可以通过课程体裁理论和课堂微体裁来进行编程和分析。Lim(2011)的早期语料库研究中就曾经对两名新加坡英语教师进行分析，由此这种对课堂语篇类型精细分析的价值得到了例证。

为了通过课堂微体裁类型来对应教师的教学话语，我将 Christie(1993,1997,2002)用于课堂话语分析的课程体裁理论拓展到多模态教学话语，这套理论最初是为了研究课堂中语言的使用的。基于 Lim(2011)的研究，这套课程体裁理论不再将语言作为唯一的符号模式进行研究，而是扩展到具身符号模式的组合，比如教师在课堂上使用语言、手势、定位和动作来表达特定的教学法，这种多模态研究也恰巧体现出课堂研究仅涉语言是不合适的。Unsworth 就明确指出(2006b：55)，现在人们普遍认为识读和识读教学法已经不再局限于语言领域，这一认识就认识论和研究方法论而言具有重要意义(Jewitt, 2008：245)。对课堂教学的整体理解需要考虑多模态符号组合的选择，而不只是关注语言。研究课堂中多模态资源的本质更加深化了课堂上的教师对其教学法的理解。

我采用 O'Halloran(1996,2004)的数学课堂微体裁，并将其拓展到英语课堂。课程微体裁为多模态符号资源在既定课堂中所建构的意义提供直接的语境参考。每节课微体裁的顺序和时间也反映出教师的教学风格。此外，课程微体裁为不同课程和不同教师的比较提供了基本准则。作为研究多模态课堂话语的一种方法途径，课堂微体裁的发展在 Lim 和 Tan(已提交出版)的书中也有更全面的描述。

鉴于认识到教学是具身的，而意义可以通过一系列具身符号模式产生，教育研究者们需要一套方法来描述通过这些符号模式建构意义的方式以及意义建构的类型。本书介绍了"空间教学法"的概念，并对教室中不同的空间进行分类。如 Lim(2011)和 Lim、O'Halloran 以及 Podlasov(2012)所述，Hall(1966)在"空间关系学"方面的研究被拓展到多模态教学语言分析。具体而言，他对社会协商空间的阐述被应用到师生所在的课堂空间。课堂空间分为权威空间、监督空间、互动空间和个人空间，这些空间通过教师在教室中的位置进行静态协商，通过教师的动作和步调进行动态协调。教师在位置、动作和步调方面的符号选择体现了 Lim(2011)和 Lim、O'Halloran 和 Podlasov(2012)所描述的"空间教学法"，有助于设计学生的课堂学习体验。课堂空间的类型学为教育研究人员提供了一种方法来编码和研究教师的空间教学法，并可视化分析教师的空间使用与意义建构。

同样的，教师在课堂上使用的手势也是一种具身符号模式，可以表达特定类型的意义,这就要求教育研究人员找到编码和描述教师手势类型及其意义的办法。本书提供了基于Lim(2011,2019a)研究的手势类型学,其中手势的形式与功能都可以进行编码分析。例如,我从交际性手势和表演性手势角度描述教师的手势使用:表演性手势将手势的定义拓展到"任意身体运动"(Cienki,2008:6),囊括表达所有意图的所有动作。在分析中纳入表演性手势还解决了研究者进行手势归类的主观性偏见的问题。根据手势和文本的关系,交际性手势又可以进一步分为语言独立手势、语言对应手势和语言依赖手势。为了让教育研究者充分描述教师的手势使用意义,我们还标记出详述不同手势意义的系统网络。

我们已经讨论过课堂中教师可用的符号学技术。符号学技术既是工具,也是社会实践——也就是说,这取决于其用途和用法。对于教育研究者而言,承认物质和数字学习资源都是符号学技术,有助于讨论这些资源不仅仅是意义创造的渠道,其本身既是创造意义的人造物,又是社会实践的表达。我强调反思符号学技术可供性的重要性,并举例说明了流行的数字符号学技术,如PPT演示文稿,以及新的数字符号学技术,如在学生个人电脑上基于网络协作阅读平台的学习分析,以及传统的符号学技术,如白板。通过论证,我希望向教育研究者展示教师是如何使用符号学技术来呈现知识、定义教学关系的,进而有助于学生学习经验的组织。

本书还讨论了如何使用具身符号学模式和符号学技术来协调教与学。基于Towndrow、Nelson和Yusuf(2013)提出的多模态符号学意识的概念和多模态编排的流畅度,Lim、Toh(2020)和Lim(2021)则关注到教师的多模态课堂编排,Lim(2011)和Lim(2019b)就对教师Lee和Mei的数据进行过探讨。通过老师的具身符号模式和符号学技术的使用,我们描述了"结构化非正式性"的教学法。结构化非正式性是指在课堂上通过符号选择的特定组合协调建构学生的参与式学习环境,充分展示师生之间的权力动态。通过特定的符号选择维持学习的教学结构,而其他符号选择则被用来缓解教师和学生之间的等级差距,这在一定程度上培养出与传统权威课堂不同的师生关系。课堂中结构化非正式性的概念有助于教师构建一种低权威的学习环境,学生能够在结构化的课堂进程中感到足够舒适,并能够积极回应与发言。

对于有兴趣扩展这项工作的教育研究人员来说,探索教师的多模态编排所表达的不同教学法是十分有益的。例如,教师在设计各类学习体验时,如何通过使用具身符号模式和符号学技术组合不同的意义,用以满足特定的学习目标和学生的不同画像及需求?教师如何使用特定的符号学技术(如在教室中利用学生个人计算设备访问数字学习平台)编排和呈现不同的多模态课堂?通过其他实证研究(如接受采访)来补充对教师具身教学的分析也很有效,在研究中可以收集学生对学习体验的反馈以及他们之后的学习和评估表现数据。

对于课堂上的老师来说,这样的认识可以使他们在课堂中语言、手势、姿势和动作的使用方面具有高敏感度和反思意识,也会促使他们在使用白板、PPT演示文稿或学生个人电脑设备时思考其可供性。应当鼓励教师在使用特定符号学技术时,从知识的呈现方式、互动的本质以及表达的教学关系等方面思考得失(Kress,2005)。有了这种意识,他们就能够在课堂上灵活且流畅地使用这些资源去实现教学目标,满足学习者画像和需求。尽管很多教师经过多年经验和直觉实现了有效的多模态课堂编排,但我认为这些直觉和经验可以被明确地表达出来。通过培养教师在符号学资源中进行意义潜势建构的意识,即他们在课堂中的具身符号模式和符号学技术,可以有效缩短这一过程。

对于管理者和课程专家来说,反思教育系统中所需要的转变至关重要,这关涉我们的学生为未来世界做好准备所需的课程和教学方法。尽管我们谈论世界因数字技术的进步而日新月异已经是陈词滥调,不过及时回应新的交际方式、社会经济图景以及当今不断变化的学习者画像和需求仍旧迫在眉睫。教育政策制定者的任务就是不断审查我们的教学内容和方式能否为学生的未来做好相关且充分的准备。我们认为,教学法的一个根本转变必不可缺:即能够意识到教师作为学习设计者不断转变的期待和角色。决策者既有权利也有责任强化此种意识,更重要的是,支持教师通过职前和在职时期的专业学习而不断成长为学习设计者。

支持作为学习经验设计者的教师专业学习的任务之一是培养他们的符号学意识,以便恰当、流畅地使用具身符号模式和符号学技术,就像设计师在工作中挑选使用材料工具和符号学资源一样。这与Kress等人(2005:170)在其"在职项目"中提出的呼吁相呼应,也是旨在提升教师的多模态符号学意识。通过教师使用的各种符号学资源,明确意义的表达方式,能够恰当、流畅地使用具身模式和符号学技术来表达特定的教学法,这就减少了不可调和的语义分歧,而这种分歧往往会招致矛盾,甚至可能造成意义混淆。因此,我希望本书中提供的观点能够帮助教师在评论和设计其专业实践时能够反思他们对于多模态符号学资源的使用。

鉴于当今数字时代新的识读实践和学习者画像的变化,我们认为教师的角色需要进化为学习设计者,而不仅仅是知识权威。教师通常被认为是学生取得成就的正向因素之一,因此加深对教学法的理解是很有价值的。本书中多模态视角的介入帮助我们将视线集中于教学话语的符号学资源。Jewitt(2008:262)也认为,"师生在课堂上如何使用凝视、身体姿势以及空间和资源的分配,产生了影响识读的无声话语"。我们因此探讨了如何运用恰当的符号选择来组织表达特定的教学法。本书聚焦教育学中的多模态,其愿景是为教师更好地认识和更流畅地使用符号学资源铺平道路,从而可以为学生设计有意义的学习体验。

五、结论

通过多模态视角进行教学的新范式打开了一个值得深入探索和进一步考察的研究空间,为课堂研究和应用创造了希望和潜力。从多模态课堂话语的角度看,非口语部分往往与口语一样展示出强大的活力。理解教与学的多模态本质可以帮助教师对其具身动作以及所使用的其他符号学资源进行批判性反思,从而批评和(重新)设计与之相关的专业实践。教育符号学的研究也有助于发展课堂上的各种教学方法、策略和模式。本书为正在蓬勃发展的教育符号学领域添砖加瓦,运用多模态观点来理解教育,其目的是展示如何在教学话语中研究多模态符号的本质,为课堂研究和实践提供可信以及有价值的贡献,希望为教育研究者和教师提供一种方式来考量和反思他们是如何通过可用的符号学资源为学生设计学习体验的。

教室里的教师处在教育的第一线。鉴于当今数字时代带来的快速变化以及教师角色和需求的更新迭代,管理者和课程专家应当与研究人员和教师一道,夯实好政策、理论和实践之间的关联。教育研究人员需要在教师支持方面发挥重要作用,为他们提供见解与依据,从而更好地提升教与学的水平。

我们认为,多模态课堂教学的具身教学可以帮助教师反思如何成为当代课堂学习的设计者。正如设计师会选择最适合的符号学资源和材料工具来表达其作品中的想法一样,作为学习设计师的教师也会在其具身符号模式和符号学技术中进行恰当、流畅的选择来表达其教学法。教师会在多模态教学过程中不断发展其符号学意识和流利性,承担学生学习体验设计者的角色也将越来越得心应手。

　　本书中的观点也是我作为一名(曾经)在专科课堂上担任过教师、在新加坡教育总部担任过管理人员和课程专家，现在是南洋理工大学国家教育研究所一名研究人员的经验和体会。不论是哪一种角色，我都有幸从不同的角度体验和反思教学。作为一名教师，我的兴趣和责任是帮助班上的学生更好地学习，因此我的重点是思考如何更好地教学，为学生设计各种不同的学习体验；作为一名管理人员以及课程专家，我的职责是确保教育系统中的所有学生都具备为未来做好准备的知识和技能。我们会对既有课程以及教师的教学法进行定期审查，以回应不断变化的世界和不断变化的学习者画像。我热衷于探索如何将学术研究转化为课程设计和教学政策，从而影响教育政策；现在，作为一名教育研究者，我的目标是通过研究、证据和观点支持教师、管理人员和课程专家，通过转化研究理论来理解和影响教育实践。

　　在撰写本书的过程中，我试图在书中分门别类，以便满足不同读者的需求。书中关于具身教学和设计学习的想法并不深奥，事实上可以说是相当易懂且符合常识的。由此我希望通过书中描述的相关概念可以培养教师的多模态符号学意识，更进一步的是，能够被积极渴望改进自己技能的教师轻松运用。教师在课堂上使用具身符号模式和符号学技术来编码、分析和解释教学话语多模态本质的方法和类型是基础，有助于其他研究人员根据自己的需求进行批评、提炼以及改进。教师进化为学习设计者的角色，这点也是对当今数字时代的自然回应，对决策者来说也并不难理解，换言之，本书正是旨在提出观点的理解和实施。我们对于具身教学的所有观点都是为了激发您——亲爱的读者——对设计学习的思考和行动。

思考题

1. 教育者应当如何回应当今数字时代不断变化的学生画像以及不断更新的知识素养诉求？
2. 教师作为学习设计者意味着什么？

参考文献

Bezemer, J. & Kress, G. (2016). *Multimodality, Learning, and Communi-*

cation: *A Social Semiotic Frame*. London & New York: Routledge.

Christie, F. (1993). Curriculum genres: Planning for effective teaching. In B. Cope & M. Kalantzis (eds), *The Powers of Literacy: A Genre Approach to Teaching Writing* (154–178). Pittsburgh: University of Pittsburgh Press.

Christie, F. (1997). Curriculum macrogenres as forms of initiation into a culture. In F. Christie & J. R. Martin (eds), *Genre ad Institutions: Social Processes in the Workplace and School* (134–160). London: Cassell.

Christie, F. (2002). *Classrom Discourse Analysis: A Functional Perspective*. London & New York: Continuum.

Cienki, A. (2008). Why study gesture? In A. Cienki & C. Miller (eds), *Metaphor and Gesture* (5–25). Amsterdam: John Benjamins.

Cope, B. & Kalantzis, M. (2015). The things you do to know: An introduction to the pedagogy of multiliteracies. In B. Cope & M. Kalantzis (eds), *A Pedagogy of Multiliteracies: Learning by Design* (1–36). London: Palgrave Macmillan.

Hall, E. (1966). *The Hidden Dimension*. New York, NY: Doubleday.

ICT Connection (2019). Vision and Goals. Ministry of Education, Singapore. Retrieved from https://ictconnection.moe.edu.sg/masterplan-4/vision-and-goals (accessed: 23 Nov. 2019).

Jewitt, C. (2008). What counts as knowledge in educational settings: Disciplinary knowledge, assessment, and curriculum. *Review of Research in Education* 32, 241–267.

Kress, G. (2000). Design and transformation: New theories of meaning. In B. Cope & M. Kalantzis (eds), *Multiliteracies: Literacy Learning and the Design of Social Futures* (149–157). London & New York: Routledge.

Kress, G. (2003). *Literacy in the New Media Age*. London & New York: Routledge.

Kress, G. (2005). Gains and losses: New forms of texts, knowledge and learning. *Computers and Composition* 22(1), 5–22.

Kress, G. (2007). Meaning, learning and representation in a social semiotic approach to multimodal communication. In A. McCabe, M. O'Donnell, &

R. Whittaker (eds), *Advances in Language and Education* (15 - 39). London & New York: Continuum.

Kress, G. & Selander, S. (2012). Multimodal design, learning and cultures of recognition. *The Internet and Higher Education* 15(4), 265 - 268.

Kress, G., Franks, A., Jewitt, C., Bourne, J. (2005). *English in Urban Classrooms: A Multimodal Perspective on Teaching and Learning*. London & New York: Routledge.

Lemke, J. (2002). Multimedia semiotics: Genres for science education and scientific literacy. In M. J. Schleppegrell & M. C. Colombi (eds), *Developing Advanced Litenacy in First and Second Languages: Meaning with Power* (21 - 44), New York: Lawrence Erlbaum Associates, Inc.

Lim, F. V. (2011). A Systemic Functional Mulimodal Discourse Analysis Approach to Pedagogic Discourse. Doctoral thesis. National University of Singapore.

Lim, F. V. (2018). Developing a systemic functional approach to teach multimodal literacy. *Functional Linguistics* 5,13.

Lim, F. V. (2019a). Analysing the teachers' use of gestures in the classroom: A Systemic Functional Multimodal Discourse Analysis approach. *Social Semiotics* 29(1),83 - 111.

Lim, F. V. (2019b). Investigating intersemiosis: A Systemic Functional Multimodal Discourse Analysis of the relationship between language and gesture in classroom discourse. *Visual Communication* 1 - 25. https://doi.org/10.1177/1470357218820695.

Lim, F. V. (2021). Towards Education 4.0: An Agenda for Muliliteracies in the English Language Classroom. In F. A. Hamied(ed.), Literacies, culture, and society toward industrial revolution 4.0: Reviewing policies, expanding research, enriching practices in Asia. Nova Science.

Lim, . F. V. & Tan, K. Y. S. (2017). Multimodal translational research: Teaching visual texts. In O. Seizov & Wildfeuer (eds), *New Studies in Multimodality: Conceptual and Methodology Elaborations* (175 - 200). London/New York: Bloomsbury.

Lim, F. V. & Tan, K. Y. S. (2018). Developing multimodal literacy through teaching the critical viewing of films in Singapore. *Journal of Adolescent & Adult Literacy*.

Lim, F. V. & Tan, J. M. (submitted for publication). Lesson Microgenres: An Approach to Multimodal Classoom Discourse.

Lim, F. V. & Toh, W. (2020), Children's Digital Multimodal Authoring in the Third Space Implications for Learning and Teaching. *Learning, Media, and Technology*.

Lim, F. V. & Toh, W. (submitted for publication). Towards a Literacy for Digital Reading.

Lim, F. V., O'Halloran, K. L., & Podlasov, A. (2012). Spatial pedagogy: Mapping meanings in the use of classroom space. Cambridge Journal of Eduation 42(2), 235 – 251.

Lim. F. V., O'Halloran, K. L., Tan, S., & E, M. K. L. (2015). Teaching visual texts with multimodal amalysis software. *Educational Technology Research and Development* 63, (6), 915 – 935.

New London Group (2000). A pedagogy of multiliteracies designing social futures. In B. Cope & M. Kalantzis (eds), *Multiliteracies-Literacy Learning and the Design of Social Futures* (9 – 36). London & New York: Routledge.

O'Halloran, K. L. (1996). The discourse of secondary school mathematics, (unpublished doctoral dissertation.) Murdoch University, Australia.

O'Halloran, K. L. (2004). Discourse in secondary school Mathematics classrooms according to social class and gender. In J. A. Foley (ed.), *Language, Education and Discourse: Functional Approaches* (191 – 225). London & New York: Continuum.

Paniagua, A., & Istance, D. (2018). *Teachers as Designers of Learning Environments: The Importance of Innovative Pedagogies, Educational Research and Innovation*. Paris: OECD Publishing. http://doi.org/10.1787/9789264085374-en.

Potter, J., & McDougall, J. (2017). *Digital Media, Culture and Educa-*

tion: *Theorising Third Space Literacies*. London: Palgrave Macmillan.

Selander, S. (2008). Designs for learning-a theoretical perspective. *Designs for Learning*. 1(1), 4-22.

Street, B. (ed). (1993). *Cross-cultural Approaches to Literacy*. Cambridge: Cambridge University Press.

The New London Group. (1996). A pedagogy of multiliteracies: Designing social futures. *Havard educational review*, 66(1), 60-93.

Towndrow, P. A., Nelson, M. E., & Yusuf, W. F. B. M. (2013). Squaring literacy assessment with multimodal design: An analytic case for semiotic awareness. *Journal of Literacy Research* 45(4), 327-355.

Unsworth, L. (2002). Changing dimensions of school literacies. *Australian Journal of Language and Literacy* 25 (1), 62-77.

Unsworth, L. (2006a). *E-literature for Children: Enhancing Digital Literacy Learning*. London & New York: Routledge.

Unsworth, L. (2006b). Towards a metalanguage for multiliteracies education: Describing the meaning-making resources of language-image interaction. *English Teaching: Practice and Critique*, 5(1), 55-76.

Weninger, C. (2019). *From Language Skills to Literacy: Broadening the Scope of English Language Eduation through Media Literacy*. Abingdon: Routledge.